KANAAN

DAS KOCHBUCH

OZ BEN DAVID
JALIL DABIT
ELISSAVET PATRIKIOU

KANAAN

DAS KOCHBUCH

OZ BEN DAVID
JALIL DABIT
ELISSAVET PATRIKIOU

Gerichte und Geschichten aus Israel und Palästina

südwest

18

»HUMMUS ÜBERSCHREITET GRENZEN
UND GEHÖRT ALLEN MENSCHEN,
WO IMMER SIE LEBEN MÖGEN ODER
WOHER SIE KOMMEN.«

DER INHALT

AUF DEM MARKT 95

FÜRS FEST 129

NOT WAR

DAS KANAAN

Wir, Oz aus Israel und Jalil aus Palästina, haben mitten in Berlin einen Ort geschaffen für »Love and Peace« – unser Restaurant »Kanaan«. Benannt ist es nach dem biblischen Land, das Abraham, dem Stammvater der Christen, Juden und Muslime, verheißen wurde. Für uns ist Kanaan ein Symbol für Hoffnung und Einheit. Im Kanaan werden Dinge möglich, die auf den ersten Blick unmöglich scheinen.

Wie hätte es anders sein sollen? Unsere Freundschaft begann mit einem Teller Hummus. Inspiriert davon kreierten wir gemeinsam den für uns weltbesten Hummus, der auf unser beider Herkunft und damit auf Komponenten des israelischen und palästinensischen Rezeptes basiert. Wenn du am Tisch sitzt, dein Brot brichst, es mit anderen Menschen teilst und man es gemeinsam in eine Schale voller Hummus tunkt, ist alles gut! Oder anders ausgedrückt: »Make Hummus, not war!« Über die Jahre unserer Freundschaft und unserer Zusammenarbeit in der Küche sind viele neue vegetarische und vegane Rezepte entstanden, alle geprägt von den Düften und Geschmäckern unserer Kindheit. Auf diese Weise schaffen wir eine Verbindung zwischen Europa und dem Nahen Osten, Tradition und Moderne.

In diesem Buch haben wir nun unsere liebsten Rezepte gesammelt. Die Zeit, in der es entstand, nutzten wir, um möglichst häufig nach Israel zu reisen. Gemeinsam mit unseren Familien haben wir gekocht und dabei unzählige Fragen gestellt – auch die Vergangenheit haben wir nicht ausgespart. Es wurde viel gelacht, aber auch viel geweint. Allem voran aber war es das gemeinsame Lachen und der Humor, die uns motiviert haben. Und gerade in Momenten, in denen es augenscheinlich nichts zum Lachen gibt, finden wir darin Trost – ebenso wie in gutem Essen, das Körper und Seele nährt.

Wir laden euch alle von Herzen ein, uns zu begleiten – auf eine Geschmacksreise durch Israel und Palästina mit Rezepten von traditioneller Shakshuka und Falafel bis hin zu modernen Abwandlungen von Klassikern wie Hummus und Taboulé oder einem opulenten Couscous-Mahl! Wir wünschen uns, dass dieses Kochbuch euch inspiriert, all die köstlichen Speisen mit Freunden und Familie zu teilen, und so Brücken gebaut werden für eine friedlichere und harmonischere Welt. Ein gutes, gemeinsames Essen ist wie eine Umarmung.

KANAAN
MODERN PALESTINIAN
& ISRAELI KITCHEN

ICH BIN
HUMMUSSEXUELL

السلام
שלום
SHALOM

LOVE

The Observer Magazine
War
and
peas

DER HUMMUS

ERSTE LEKTION: **ESSEN HILFT BEIM VERZEIHEN UND VERBINDET.**

Bei unserer ersten Begegnung saßen wir gemeinsam in der Küche – ein Israeli und ein Palästinenser mitten in Berlin. Um uns herum die beruhigenden Düfte verschiedenster Gewürze und Kräuter, wir fühlten uns sofort wohl und spürten einfach: Das ist der Beginn von etwas ganz Besonderem. Wir kamen aus sehr unterschiedlichen Verhältnissen – verschiedener könnten unsere Leben nicht sein –, aber die Liebe zu gutem Essen hat uns beide an diesem Tisch zusammengeführt. Wir scherzten, dass uns allerdings eine große Gemeinsamkeit vereint: Wir sind zwei Menschen, die beide mit Hummus groß geworden sind wie andere mit der Muttermilch. So entstand die Idee, den »weltweit besten Hummus« zu kreieren! Es gelang uns, die fundierten Kenntnisse der traditionellen Zubereitungsart aus Palästina zu kombinieren mit dem Geschmack des israelischen Hummus und dabei darüber hinaus neue und innovative Ideen einfließen zu lassen. Bei der Entwicklung des perfekten Rezepts bemerkten wir, dass unsere kulturellen Unterschiede mehr eine Quelle der Stärke als ein Hindernis waren.

Je mehr Zeit wir miteinander verbrachten, umso mehr stellten wir fest, wie viel uns eigentlich miteinander verbindet. Wir haben den gleichen Sinn für Humor, eine Vorliebe für gute Gespräche und einen tiefen Respekt für die Kultur des anderen. Auch jetzt noch, Jahre später, spüren wir dieses Glück, wenn unsere Gäste ihr Brot in unseren israelisch-palästinensischen Hummus tunken. Unser Hummus ist ein kleiner Beitrag, die Kluft zwischen den Völkern zu überbrücken und etwas zu schaffen, das von Menschen aus allen Gesellschaftsschichten gemeinsam genossen wird.

ICH BIN
HUMMUSSEXUELL
ICH BIN

HUMMUS, HUMMUS, HUMMUS!

Oh, diese endlose Debatte, wer dieses köstliche Gericht erfunden hat, woher es denn ursprünglich kommt. Die Diskussion darüber kann von heftigen Emotionen begleitet sein, denn so viele sind stolz auf ihren Hummus. Die Palästinenser beanspruchen ihn für sich, genauso die Syrer, die Israelis habe ihre eigene Version der Geschichte und die Libanesen werden nicht müde, auf ihren Beitrag zum Hummus hinzuweisen. Das ist kein Widerspruch, sondern spiegelt nur die vielfältigen Einflüsse, die Hummus in sich vereint. Wir sollten immer daran denken, dass Hummus Grenzen überschreitet und den Herzen und Geschmäckern aller Menschen gehört. Hummus vermittelt ein Gefühl der Einheit, einer gemeinsamen Erfahrung, die uns alle verbindet. In der Levante-Region mit ihren vielfältigen Einflüssen erblühte der Hummus zuerst, um dann seine Reise um die ganze Welt anzutreten und dort immer neue Blüten zu treiben.

Heute gibt es unzählige Hummus-Varianten. Manche Menschen mögen ihn mit sehr viel Tahini, andere präferieren einen kraftvollen Zitronengeschmack, Knoblauchliebhaber schätzen einen scharfen und würzigen Geschmack, andere mögen es lieber feiner und dezenter. Und wie salzig darf ein Hummus sein? Auch hier gibt es zahllose Abstufungen. Ihr seht schon, worauf wir hinauswollen, oder? Die Schönheit liegt in der Vielseitigkeit, die es jedem Menschen erlaubt, seine ganz eigenen Geschmackserfahrungen mit Hummus zu machen, bis man für sich die perfekte Mischung gefunden hat.

Wie vielfältig die Geschmacksrichtungen von Hummus auch sein mögen, einige Grundzutaten bleiben immer gleich und bilden die Basis für den unverkennbaren Grundgeschmack und die cremige Textur. Rohes Tahini sorgt für die nussigen Noten, während eine Prise Salz die Geschmacksnoten verstärkt. Ein Spritzer frischer Zitronensaft bringt die ganze Mischung zum Strahlen. Die Essenz des Kanaan-Hummus liegt aber nicht allein in der ausgewogenen Kombination dieser Komponenten, sondern vor allem in der Achtsamkeit, wie wir mit den Zutaten umgehen. Unseren Hummus haben wir gemeinsam entwickelt, die Rezeptvarianten gingen von Hand zu Hand durch mehrere Generationen und wurden immer weiter verfeinert. In unserem Hummus spiegeln sich unsere Persönlichkeiten und die unserer Familien, Küchen und Kulturen.

Liebe Freundinnen und Freunde, genießt diese vielfältigen Geschmäcker und verlasst euch ganz auf euer persönliches Empfinden. Genießt den Reichtum unserer reichen Kochkultur. Und egal, ob ihr Hummus alleine genießt oder im Kreis eurer Lieben, lasst euch von diesem einfachen Gericht in gute Stimmung versetzen. Hummus hat die Kraft, uns alle näher zusammenzubringen, für Hummus gibt es keine Grenzen!

ICH BIN
HUMMUSSEXUELL

HUMMUS
KANAAN

OZ UND JALIL: *Hummus kann als Dip zu unzähligen Gerichten serviert werden, auch als Brotaufstrich oder einfach zu Gemüsesticks ist er ein leckerer Snack.*

FÜR 6 PERSONEN

300 g getrocknete Kichererbsen
¼ TL Natron
50 ml eiskaltes Wasser
1 TL Salz
140 g Tahini
Saft von 1 großen Zitrone
½ TL Zucker
Olivenöl zum Garnieren

» Die Kichererbsen über Nacht in Wasser einweichen. Am nächsten Tag in ein Sieb abgießen, gut abspülen und mit reichlich kaltem Wasser und Natron in einen großen Topf geben und aufkochen, dann ca. 1,5 Stunden kochen lassen. Sie sollten so weich sein, dass sie sich leicht zwischen zwei Fingern zerdrücken lassen.

» Den dabei entstehenden Schaum und die sich an der Oberfläche absetzenden Kichererbsenschalen mit einem großen Servierlöffel oder Schaumlöffel abschöpfen.

» In ein Sieb abgießen und das Kochwasser auffangen. Die gekochten Kichererbsen unter fließendem Wasser abspülen, um Natronreste zu entfernen.

» Die Kichererbsen in eine Küchenmaschine geben und das eiskalte Wasser zufügen. So lange pürieren, bis eine glatte, cremige Textur entstanden ist. Bei Bedarf zusätzlich etwas Kochwasser zugeben.

» Die restlichen Zutaten zufügen und weiterpürieren, bis die gewünschte Konsistenz erreicht ist. Weiteres Kochwasser zufügen, falls nötig.

» In eine Servierschale geben und mit etwas Olivenöl beträufeln. Am besten warm oder direkt nach dem Abkühlen genießen.

TIPP

Hummus kann als Dip zu unzähligen Gerichten serviert werden, auch als Brotaufstrich oder einfach zu Gemüsesticks ist er ein leckerer Snack. Du kannst ihn warm oder auch gekühlt essen, allerdings sollte er nicht länger als 24 Stunden im Kühlschrank aufbewahrt werden.

SABICH
ISRAELISCHER HUMMUS

OZ: *Der Name dieses Gerichts ist einem Juden aus dem Irak zu verdanken, der in den 60er-Jahren nach Israel flüchtete. Er eröffnete in der Nähe von Tel Aviv eine kleine Imbissbude. Sein Name war Sabich Tsvi Halabi. Bald wurde Sabichs Stand zu einem beliebten Ziel für Menschen in der ganzen Stadt, die auf der Suche nach einer sättigenden und köstlichen Mahlzeit waren. Mit den Zutaten, die er von zu Hause kannte und mochte, kreierte er ein eigenes Sandwich mit einem besonders schmackhaften Belag. Alle nannten ihn nur beim Vornamen und riefen: »Mach mir was zu essen, Sabich!«, womit das Gericht bald seinen Namen hatte. Hier ist unsere Version als Tellergericht …*

FÜR 4 PERSONEN

4 kleine Kartoffeln
4 kleine Auberginen
Salz
4 Eier
4 EL Essig

ZUM ANRICHTEN PRO TELLER
2 EL Hummus (siehe Seite 23)
2 EL Tahini
1 TL Amba-Sauce (salzig-scharfe Mango-Sauce; fertig gekauft)

ZUM GARNIEREN
2 EL Olivenöl
scharfe grüne Paprikaringe (z. B. Peperoni)
eine Handvoll Granatapfelkerne
ein paar Petersilienblätter
Fladenbrot

» Die Kartoffeln in einem Topf mit kaltem Wasser auf den Herd stellen, aufkochen und je nach Größe ca. 20 Minuten kochen, bis sie noch gut bissfest sind. Abgießen, etwas abkühlen lassen und in Scheiben schneiden.

» Den Backofen auf 200 °C vorheizen. Die Auberginen waschen, putzen und in Scheiben schneiden. Mit den Kartoffelscheiben in eine Auflaufform geben und mit Salz würzen, ca. 25 Minuten im Ofen backen.

» Währenddessen die Eier pochieren: Dazu einen großen Topf mit Wasser füllen, salzen und den Essig hineingeben. Zum Kochen bringen, dann die Hitze reduzieren, bis es nur noch simmert. Je ein Ei in ein Schälchen aufschlagen und verquirlen. Mit einem Kochlöffel einen Strudel in der Mitte des köchelnden Wassers erzeugen und das Ei in die Mitte des Strudels gleiten lassen. Je nach gewünschter Konsistenz 2–4 Minuten garen, dann mit einem Schaumlöffel entnehmen und auf einem Küchentuch abtropfen lassen. Mit den restlichen Eiern ebenso verfahren.

» Etwas Hummus auf einen tiefen Teller geben und kreisförmig verteilen.

» Darauf die Tahini geben, Auberginen- und Kartoffelscheiben abwechselnd in Schichten darauf anrichten. Je 1 pochiertes Ei daraufsetzen und mit Amba-Sauce beträufeln.

» Mit etwas Olivenöl, Peperonischeiben, Granatapfelkernen und Petersilie garnieren und das Fladenbrot dazu essen.

TIPP
Wenn du es dir ein wenig einfacher machen möchtest, kannst du statt der pochierten Eier auch wachsweich gekochte Eier nehmen.

YABABA GANOV

BABA GANOSH – ARABISCHER DIP AUS AUBERGINEN UND SESAMPASTE

JALIL: *Während ich mich am Grill um die Baba Ghanosh kümmerte, erfüllte der verlockende Duft von gerösteten Auberginen die Luft. Das sanfte Brutzeln und Knistern der Auberginenschalen auf dem Grill war wie eine Symphonie in meinen Ohren und signalisierte meinem Team und mir, dass wir mit dem Eindecken der Tische im Restaurant beginnen sollten. Dies ist eine lieb gewonnene Tradition in meiner Familie, die mein Vater immer durchführte, kurz bevor er die Türen für unsere Gäste öffnete.*

FÜR 4 PERSONEN

2 mittelgroße Auberginen
Saft von ½ Zitrone
Abrieb von 1 Bio-Zitrone
1 EL Tahini
1 TL Granatapfelsirup
2 EL Olivenöl
1 Prise Salz nach Geschmack

ZUM GARNIEREN
Granatapfelkerne
Petersilien- und Minzblätter
Zitronenspalten

» Die Auberginen waschen, abtrocknen und direkt über der kleinen Flamme eines Gasherds anrösten (entweder direkt darauflegen oder nah an die Flamme halten), dabei nach 1–2 Minuten immer wieder wenden, damit die Aubergine gleichmäßig Farbe annimmt. Insgesamt sollte das ein paar Minuten dauern, bis sie rundherum angekohlt und schwarz aussieht. Die Haut dann mit einem kleinen Küchenmesser entfernen. Wenn du keinen Gasherd hast, kannst du sie auch im Backofen (ca. 45 Minuten bei 250 °C) auf einem Blech garen, bis sie ebenfalls schön schwarz und angebrutzelt ist, das dauert dann etwas länger und hat etwas weniger Röstaromen. Stich sie vorher ein paarmal mit einem Messer ein.

» Das Auberginenfleisch klein schneiden und in einer Schale zerdrücken. Zitronensaft und -abrieb zugeben und unterrühren, außerdem das Tahini.

» Auf einem Teller anrichten und mit Granatapfelsirup und Olivenöl beträufeln.

» Mit etwas Salz würzen und mit Granatapfelkernen, Petersilie und Minze sowie den Zitronenspalten garnieren und sofort servieren.

TIPP
Perfekt für die Sommerparty im Garten: Die Auberginen lassen sich auch hervorragend auf dem Grill rösten. Der Dip schmeckt köstlich zu gegrilltem Gemüse mit Fladenbrot.

MASABACHA
PALÄSTINENSISCHER HUMMUS

JALIL: *Dieses Gericht weckt in mir Erinnerungen an meinen verstorbenen Vater Samir, denn Masabacha war immer sein Lieblings-Hummus. Und ich sehe ihn jetzt noch vor mir, wie er in der Küche steht, mit einer riesigen Schüssel, dicht an den Bauch gedrückt, während er die Kichererbsen und das Tahini mit einem kurzen, dicken Holzstab fachmännisch vermischt. Die Art, wie er sich dazu bewegte, war wie ein Tanz! Ein großes, warmes Lächeln breitete sich auf seinem Gesicht aus, während er die Zutaten bis zur richtigen Konsistenz verrührte. Ich höre immer noch das Geräusch des Holzstabs, der auf die Schüssel schlägt, fast wie eine arabische Trommel. Ich weiß, dass ich nie in der Lage sein werde, dieses Lächeln oder diesen Rhythmus zu reproduzieren, aber ich kann dieses Rezept ohne irgendwelche Geheimnisse teilen.*

FÜR 4 PERSONEN

FÜR DAS MASABACHA
320 g Kichererbsen
¼ TL Natron
2 EL Tahini
1 Prise Kreuzkümmel

FÜR DEN TATBILA
1 grüne Paprikaschote
1 rote Paprikaschote
1 gelbe Paprikaschote
1 Chilischote
3 Knoblauchzehen
1 TL Salz
Saft von ½ Zitrone

ZUM SERVIEREN
400 g Hummus (siehe Seite 23)
50 ml Olivenöl
Petersilienblätter zum Garnieren

» Die Kichererbsen über Nacht in Wasser einweichen. Am nächsten Tag in ein Sieb abgießen, gut abspülen und mit reichlich kaltem Wasser und Natron in einen großen Topf geben und aufkochen, dann ca. 1,5 Stunden kochen lassen. Sie sollten so weich sein, dass sie sich leicht zwischen zwei Fingern zerdrücken lassen.

» Den dabei entstehenden Schaum und die sich an der Oberfläche absetzenden Kichererbsenschalen mit einem großen Servierlöffel oder Schaumlöffel abschöpfen.

» In ein Sieb abgießen und das Kochwasser auffangen. Die gekochten Kichererbsen unter fließendem Wasser abspülen, um Natronreste zu entfernen.

» Die gegarten Kichererbsen in eine Schüssel geben und Tahini, Kreuzkümmel und etwas von der Kochflüssigkeit zugeben. Verrühren, bis eine dicke und cremige Textur entstanden ist.

» Für den Dip die Paprikaschoten waschen, halbieren und von Samen und Scheidewänden befreien, dann fein hacken. Die Chili ebenso hacken. Den Knoblauch schälen und ebenfalls fein hacken.

» Alles zusammen in einer Schüssel mit einer Gabel oder Mörser und Stößel zerdrücken, dann das Salz zugeben. Den Zitronensaft zugeben und gut vermischen. Kosten und nach Bedarf etwas mehr Wasser oder Zitronensaft hinzufügen.

» Zum Servieren je 2 EL Hummus in einen tiefen Teller geben und kreisförmig verstreichen. Mit Olivenöl begießen. Jeweils etwas Masabacha sowie den Tatbila-Dip darüber verteilen. Mit frischer Petersilie garniert servieren.

TIPP
Der Tatbila-Dip kann bis zu 1 Woche im Kühlschrank aufbewahrt werden.

ICH BIN
HUMMUSSEXUELL
ICH BIN
HUMMUSSEXUELL

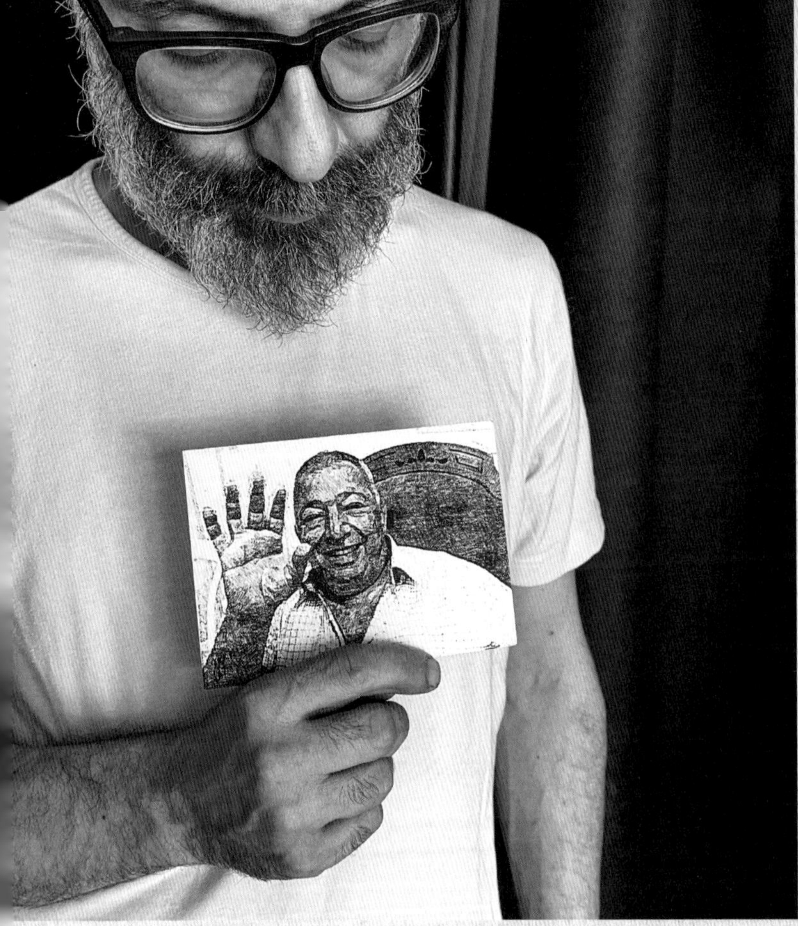

ZWEITE LEKTION: **UNSERE FAMILIEN SIND UNSER KULINARISCHES VERMÄCHTNIS.**

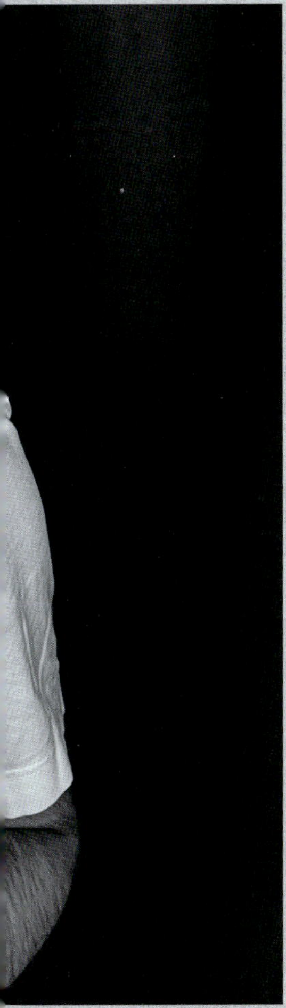

Die für uns prägendsten Bilder aus der Kindheit sind die gemeinsamen Momente in der Küche und beim Essen mit der Familie um den Tisch versammelt. Ein gutes, selbst gekochtes Essen hat die Kraft, uns ganz besondere Erinnerungen zurückzubringen: Familientreffen, ausgiebige Wochenendfrühstücke und große Feste, die gefeiert wurden. Und davon gibt es in unseren beiden Kulturen mehr als reichlich!

Bereits beim Vorbereiten, Schnippeln und Köcheln entstanden nicht nur köstliche Mahlzeiten, sondern auch ein tiefes Gefühl der Verbundenheit. Das größte Geschenk: Es wurden Rezepte und Kochtechniken von einer Generation an die nächste weitergegeben. Und auch ein kulinarisches Vermächtnis, das unsere eigene Geschichte und Kultur widerspiegelt.

Beim Kochen für und mit der Familie geht es aber nicht nur darum, Erinnerungen wieder aufleben zu lassen, sondern auch, neue zu kreieren. Versammelt eure Lieben um den Küchentisch, teilt eure Lieblingsrezepte und schafft so miteinander neue Geschichten. Für die Familie zu kochen ist nicht nur eine Pflicht, es ist eine Freude und vor allem auch eine Gelegenheit, seine Liebe zu zeigen.

Besonders dieses Kapitel widmen wir unseren Familien, ohne die unsere große Liebe für das Kochen und Essen niemals entstanden wäre. Welch ein Glück, unsere Rezepte und Erinnerungen in diesem Buch mit euch teilen zu dürfen.

DIE FAMILIE

KUBE SELEK SHEL DALIA
ROTE-BETE-SUPPE

OZ: *Dieses Rezept ist für mich ein kostbares Erbe meiner Großmutter Dalia. Sie betonte dabei immer, wie wichtig es sei, die Gewürze für die Suppe sorgfältig zu dosieren, um auch wirklich das richtige Verhältnis für den perfekten Geschmack zu finden. Ich habe diese Suppe auch schon für ein Weihnachtsessen zubereitet, als Überraschung für meinen Mann und seine Familie. Als der Topf am Tisch herumgereicht wurde, sah ich, wie alle, vor allem auch die Kinder, mit Freude ihre Teller füllten und der Topf im Nu leer war. Es war ein ganz besonderer Moment, ein Stück meiner Familientradition mit ihnen zu teilen.*

FÜR 4 PERSONEN

FÜR DIE GEFÜLLTEN GRIESSKLÖSSCHEN
150 g Hartweizengrieß
Salz
1 EL neutrales Öl
320 ml Wasser
2 Auberginen
1 Zwiebel
neutrales Öl zum Braten
1 TL Paprikapulver (edelsüß)
1 TL frisch gemahlener schwarzer Pfeffer
½ TL Baharat (arabische Gewürzmischung)

FÜR DIE SUPPE
1 Zwiebel
neutrales Öl zum Braten
2–3 Rote-Bete-Knollen (ca. 700 g)
ca. 1,5 l Wasser
Salz
Zucker
Saft von 1 Zitrone oder nach Geschmack

» Den Grieß mit 1 TL Salz, Öl und Wasser in eine Schüssel geben und mindestens 30 Minuten quellen lassen.

» In der Zwischenzeit die Füllung zubereiten: Die Auberginen waschen und in kleine Würfel schneiden. Die Zwiebel schälen und ebenfalls fein würfeln. Auberginen und Zwiebel in einer Pfanne in etwas Öl anbraten und mit Paprikapulver, 1 EL Salz, Pfeffer und Baharat würzen.

» Für die Suppe die Zwiebel schälen, fein hacken und in einem großen Topf mit etwas Öl anbraten. Die Rote Beten waschen, schälen (dabei am besten Handschuhe tragen) und in dünne Scheiben schneiden. Sobald die Zwiebeln braun werden, mit dem Wasser ablöschen. Dann die Rote-Bete-Scheiben zugeben.

» Die Suppe aufkochen lassen und mit ein wenig Salz und Zucker abschmecken. Die Suppe ca. 25 Minuten köcheln lassen, bis die Rote Bete noch etwas bissfest ist.

» In der Zwischenzeit die Grießklößchen fertigstellen. Sobald die Auberginen weich sind, 1–2 EL der Grießmasse abnehmen, auf der Handfläche flach drücken, ein wenig Füllung darauf geben und zu einer Kugel verschließen. Sie darf ruhig etwas unregelmäßig sein.

» Die Auberginen-Grieß-Klöße zur Suppe geben und ca. 8 Minuten gar köcheln lassen. Wenn die Klöße fertig sind, mit Zitronensaft abschmecken und die Suppe sofort servieren.

HA GEZER SHEL GANIT
PIKANTER MAROKKANISCHER KAROTTENSALAT

OZ: *Dieses Rezept widme ich meiner Tante Ganit, die ich bis heute für ihren Mut bewundere. Sie war eine Pionierin der veganen Küche in Israel, lange bevor das populär wurde. Neben ihrem Engagement für den Veganismus war Tante Ganit auch eine Künstlerin. Sie verabscheute jede Art von Gewalt und war stets auf der Suche nach Frieden und Einfachheit im Leben. Sie war immer etwas »anders« und ihrer Zeit voraus, daher hielten sie manche für sehr sonderbar, gar für ein bisschen »verrückt«. Aber sie ließ sich davon nicht unterkriegen und ging immer ihren eigenen Weg. Tante Ganit weilt nicht mehr unter uns, aber ihr Geist lebt weiter, auch in der Art und Weise, wie ich unser Restaurant führen möchte, mit vielen Werten, die sie mir mitgegeben hat. Sie lehrte mich, dass die Verrücktheit von gestern manchmal die Vision von morgen sein kann. Ich werde ihr für diese Lektion immer dankbar sein.*

JALIL: *Salate werden in Israel und Palästina nicht als klassische Vorspeise gegessen, man serviert sie meist mit anderen Salaten und Mezets (kleinen Speisen), die alle gleichzeitig auf den Tisch kommen. Dazu gibt es reichlich Challah-Brot und jeder nimmt sich, was er mag. Ich schätze diesen nach Koriander duftenden Salat auch sehr zu Couscous als vollwertiges Gericht.*

FÜR 4 PERSONEN

10–12 Bundmöhren mit Grün
Olivenöl zum Braten
4–5 EL Wasser
1 EL Olivenöl
3 Knoblauchzehen
2 TL Paprikapulver (edelsüß)
1 TL gemahlener Kreuzkümmel
½ TL Salz
frisch gemahlener schwarzer Pfeffer
2 EL Zitronensaft

ZUM SERVIEREN
2 EL Olivenöl
Petersilie, Koriander und gehackte Peperoni (optional)
Couscous als Beilage (optional)

» Die Karotten waschen und das Grün entfernen (als Deko zur Seite legen). Die Karotten in einen Topf geben. Mit Wasser auffüllen, sodass sie vollständig bedeckt sind. Bei mittlerer Hitze so lange kochen, bis die Karotten noch reichlich Biss haben. Abgießen und etwas abkühlen lassen.

» In einer Pfanne 2 EL Olivenöl erhitzen und die Karotten darin anbraten, bis sie stellenweise leicht bräunlich sind. Abdecken und bei niedriger bis mittlerer Hitze ca. 10 Minuten schmoren lassen. Das Wasser zufügen und mit Deckel weiterköcheln lassen, bis die Karotten weich sind, aber immer noch etwas Biss haben.

» Den Knoblauch schälen und hacken, zugeben und ca. 1 Minute unterrühren. Dann 1 EL Olivenöl, Paprikapulver, Kreuzkümmel, Salz, Pfeffer und Zitronensaft zugeben. Noch mal 1 Minute rühren, damit die Aromen sich gut verbinden können.

» Weitere 2 EL Olivenöl sowie optional Petersilie, Koriander und/oder Peperoni einige Sekunden unterrühren, dann vom Herd nehmen. Mit Couscous als Beilage servieren.

TIPP
Du kannst auch separat zusätzlich Zitronensaft und Olivenöl reichen, damit sich jeder ganz nach Geschmack selbst bedienen kann.

POPCOEN ZAHRA
BLUMENKOHLSALAT

OZ: *Tante Ganit war wie bereits erwähnt eine Pionierin des Veganismus in Israel und außerdem eine mitfühlende und aufgeklärte Person, die immer für das eintrat, woran sie glaubte. Sie war auch eine Künstlerin und hatte ein besonderes Talent für die Anfertigung wunderschöner Spiegelwandkunstwerke. Eines ihrer beeindruckendsten Werke befindet sich in unserem Restaurant. Als wir das Kanaan eröffneten, rief ich Tante Ganit an, um ihr die Neuigkeiten mitzuteilen und ihr für ihren Einfluss auf mein Leben zu danken. Das folgende Rezept ist ganz ihrem Andenken gewidmet.*

FÜR 4 PERSONEN

FÜR DEN AUSBACKTEIG
200 g Kichererbsenmehl
½ TL Speisestärke
200 g Hummus (siehe Seite 23)
50 g Apfelmus
ca. 250 ml Bier

FÜR DEN SALAT
1 Blumenkohl
neutrales Öl zum Frittieren
150 g Koriander
250 g Petersilie
50 g Minze
2 Pflaumen
2 Aprikosen
Saft von 1 Zitrone
1 Prise Salz

FÜR DAS DRESSING
2 Knoblauchzehen
1 EL frischer Granatapfelsaft
6 EL Olivenöl
Saft von 1 Zitrone
1 TL Honig oder Silan (Dattelhonig)
½ gestrichener TL Salz

ZUM GARNIEREN
geröstete Pinienkerne, Pistazien und Zitronenscheiben

» Für den Ausbackteig das Kichererbsenmehl, Speisestärke und Hummus in eine Schüssel geben und miteinander verrühren. Dann das Apfelmus unterrühren. Im Anschluss unter Rühren nach und nach das Bier eingießen, bis ein glatter Teig entsteht.

» Für den Salat den Blumenkohl waschen, putzen und in kleine Röschen schneiden. Reichlich Öl in einer tiefen Pfanne auf ca. 170 °C erhitzen. Um zu testen, ob die Temperatur richtig ist, kannst du eine kleine Menge Teig ins Öl geben. Brutzelt es sofort goldbraun, ist die Temperatur richtig. Die Röschen mithilfe einer Gabel in den Teig tauchen und anschließend im Öl goldbraun ausbacken. Mit einem Schaumlöffel entnehmen und auf einem Teller mit Küchenpapier entfetten.

» Koriander, Petersilie und Minze waschen, abtropfen, die Blättchen abzupfen und hacken. Pflaumen und Aprikosen waschen, entsteinen und in Spalten schneiden. Alles mit Zitronensaft vermischen und mit Salz abschmecken.

» Für das Dressing den Knoblauch schälen und hacken und mit den restlichen Zutaten verrühren und abschmecken.

» Die Blumenkohlröschen auf einem Teller anrichten, Kräuter, Pflaumen und Aprikosen darüber verteilen und zum Schluss mit dem Dressing beträufeln. Mit gerösteten Kernen und Zitronenscheiben garniert servieren.

TIPP
Für frischen Granatapfelsaft einfach die Kerne in einem Sieb mit der Hand ausdrücken, bis der Saft austritt.

DAD'S SABRES SALAD
KAKTUSSALAT

OZ: *Die Kaktusfeige nimmt einen besonderen Platz in unserer Familiengeschichte ein. Im Alter von 16 Jahren startete mein Vater sein erstes Geschäftsmodell: Jeden Samstag stand er im Morgengrauen auf, pflückte die Früchte auf dem Mount Karmel und verkaufte sie danach an der Strandpromenade. Ihm widme ich dieses Rezept, da er den Geist der Kaktusfeige auf so viele Arten verkörpert. Nach außen hin mag er stachelig und gefährlich wirken, aber wenn man ihn erst einmal kennenlernt, wird man feststellen, dass sein Herz genauso süß und weich ist wie die Früchte.*

FÜR 4 PERSONEN

6 verschiedenfarbige Kaktusfeigen
200 g Ziegenweichkäse-Rolle
2–3 Stängel Minze
1 Prise grobes Salz
1 Prise frisch gemahlener schwarzer Pfeffer
6 EL Olivenöl

ZUM SERVIEREN
Meersalzflocken, schwarzer Pfeffer, Chiliflocken

» Zum Vorbereiten der Kaktusfeigen Küchenhandschuhe tragen und die Feigen am besten mit einem Küchenhandtuch anfassen. Die Feigen vorsichtig in kaltem Wasser waschen, noch vorhandene Stacheln entfernen, die Schale mit dem Messer abziehen und das Fruchtfleisch in Scheiben schneiden. Den Ziegenkäse in Scheiben schneiden.

» Die Minze waschen und die Blätter abzupfen. Zum Servieren Kaktusfeige und Ziegenkäse auf einem flachen Teller verteilen; mit etwas Salz und schwarzem Pfeffer bestreuen, mit Olivenöl beträufeln und mit den Minzblättern garnieren. Dann nach Belieben mit Meersalzflocken, schwarzem Pfeffer und Chili bestreuen.

INFO

Kaktusfeigen sind ein echtes Superfood! Das Fruchtfleisch steckt voller Vitamine und die Kerne in der Frucht enthalten ein Öl, das dem Alterungsprozess entgegenwirkt.

PILZ-MEASCHAN
TEIGSCHIFFCHEN MIT PILZFÜLLUNG

JALIL: *»Mama, ich habe Hunger!« – Diese wunderbaren Teigspezialitäten sind für mich Kindheitserinnerung pur, vor allem an meine Mutter Souad. Der Satz, den meine Mutter am meisten fürchtete, noch bevor meine Geschwister und ich ihn mal wieder durch unser Haus brüllten: »MAMA, ich habe Hunger! Was soll ich essen?«*

Sobald diese Worte über unsere Lippen kamen, wussten wir: Jetzt gibt es gleich eine Standpauke! Mama fuchtelte dabei drohend mit ihrem Pantoffel in der Hand und ahmte uns Kinder nach: »Mama, ich habe Hunger! Mama, was soll ich essen? YA CHMAR! (›Ihr kleinen dummen Esel!‹) Wie alt seid ihr eigentlich? Ihr habt immer noch nichts gelernt! Im Kühlschrank gibt es immer Measchan, Fotor und Sficha. Also esst!«

Aber auch wenn sie so tat, als sei sie sauer auf uns, wussten wir: Unsere Mutter liebt nichts mehr, als wenn uns ihr Essen schmeckt! Diese herzhaften Köstlichkeiten waren immer der Hit. Auch wenn wir viele Gäste zu Besuch hatten, durften sie auf dem Büfett nicht fehlen.

FÜR 25 STÜCK

FÜR DEN TEIG
1 kg Weizenmehl plus etwas mehr für die Arbeitsfläche
2 Päckchen (à ca. 7 g) Trockenhefe
ca. 400 ml lauwarmes Wasser
100 ml Olivenöl
2 TL Zucker
2 TL Salz

FÜR DIE PILZFÜLLUNG
2 Zwiebeln
500 g Champignons
3 EL Olivenöl plus mehr zum Bestreichen
½ TL Salz
½ TL Sumach (säuerlich, herbes Gewürz)

ZUM GARNIEREN
angebratene Chilischote oder Paprikastreifen, Radieschenscheiben und frischer Thymian

» Für den Teig das Mehl in eine Schüssel geben, in die Mitte eine Mulde drücken und die Hefe hineingeben. Mit dem Wasser aufgießen und die Hefe damit verrühren. Dann Öl, Zucker und Salz ins Hefewasser geben. Mit den Händen oder den Knethaken des Handrührgeräts ca. 10 Minuten zu einem geschmeidigen Teig verarbeiten. Bei Bedarf noch etwas Wasser zufügen. Den Teig zu einer Kugel formen und an einem warmen Ort mindestens 1 Stunde gehen lassen.

» Für die Pilzfüllung die Zwiebeln schälen und in dünne Scheiben schneiden. Die Pilze, wenn nötig, mit einem Tuch säubern und in Scheiben schneiden.

» Das Öl in einer Pfanne erhitzen und die Zwiebeln darin goldbraun anbraten, die Pilze zugeben und leicht salzen. Darauf achten, die Pilze nicht zu stark anzubraten. Die Pilzmischung abkühlen lassen und mit Sumach würzen.

» Den Backofen auf 180 °C vorheizen. Die Arbeitsfläche mit etwas Mehl bestreuen und den gegangenen Teig in ca. 25 Portionen teilen und diese zu Kugeln rollen. Die Kugeln mit den Fingern sanft flach drücken, zu kleinen »Schiffchen« formen und eine Vertiefung in die Mitte drücken. Die Pilzmischung hineingeben und alles mit etwas Öl bestreichen. Auf einem mit Backpapier belegten Blech verteilen und im Ofen ca. 20 Minuten backen, bis die Ränder goldbraun geworden sind.

FUTER BE SABANEGH
TEIGTASCHEN MIT SPINAT

OZ: *Dieses Rezept stammt von meiner Tante Ilanit. Inmitten der Natur zu sein, das war ihre Welt, sie kannte jede Pflanze und jeden Baum beim Namen. Ich liebte die Wanderungen mit Tante Ilanit, auch wegen ihrer Geschichten über Prinzessinnen, die von den Göttern verzaubert oder verflucht wurden. Wir sammelten dabei oft stundenlang Wildkräuter, die alle ihren ganz eigenen und kräftigen Geschmack hatten. Zu Hause angekommen, zauberten wir daraus köstliche vegetarische Speisen, wie Futer mit Spinat, und als Belohnung erzählte sie mir noch mehr Geschichten.*

FÜR 25 STÜCK

FÜR DEN TEIG
1 kg Weizenmehl
2 Päckchen (à ca. 7 g) Trockenhefe
ca. 400 ml lauwarmes Wasser
100 ml Olivenöl plus etwas mehr zum Bestreichen
2 TL Zucker
2 TL Salz
Za'atar (nordafrikanische Gewürzmischung) zum Bestreuen

FÜR DIE FÜLLUNG
500 g Spinat (oder Mangold)
1 Zwiebel
1 TL Sumach

» Für den Teig das Mehl in eine Schüssel geben, in die Mitte eine Mulde drücken und die Hefe hineingeben. Mit dem Wasser aufgießen und die Hefe damit verrühren. Dann die Hälfte des Öls, Zucker und Salz ins Hefewasser geben. Mit den Händen oder den Knethaken des Handrührgeräts verkneten. Anschließend nach und nach das restliche Öl zugießen, bis ein geschmeidiger Teig entsteht. Das dauert ca. 10 Minuten. Bei Bedarf noch etwas Wasser zufügen. Den Teig zu einer Kugel formen und an einem warmen Ort mindestens 1 Stunde gehen lassen.

» Für die Füllung den Spinat hacken. Die Zwiebel schälen und ebenfalls hacken. Wasser in einem Topf zum Kochen bringen, Spinat und Zwiebeln hineingeben und den Spinat blanchieren, bis er weich ist. Nach Geschmack salzen.

» In ein Sieb abgießen, abtropfen lassen und, falls nötig, die Flüssigkeit ein wenig ausdrücken. Mit Sumach würzen, gut vermischen und vor dem Füllen des Teigs vollständig abkühlen lassen.

» Den Backofen auf 180 °C vorheizen. Zum Füllen den gegangenen Teig zu ca. 25 Kugeln portionieren und möglichst dünn ausrollen. Das geht leichter, wenn man ihn mit ein wenig Olivenöl bestreicht. So bleibt er elastisch und reißt nicht.

» Jeweils 1–2 EL Füllung in die Mitte der Teigfladen setzen und den Teig so darum falten, dass eine pyramidenförmige Tasche entsteht. Die Taschen mit Öl bepinseln und mit Za'atar bestreuen. Auf einem mit Backpapier belegten Blech verteilen und im Ofen ca. 20 Minuten goldgelb backen.

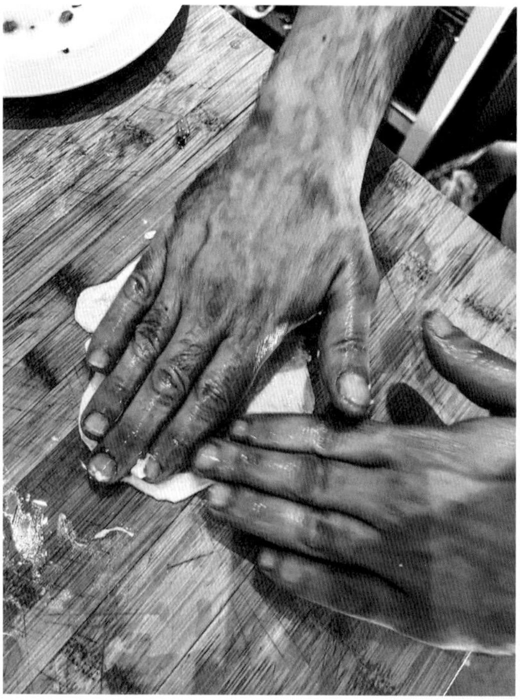

LORIS' MUJADARA
ARABISCHER REIS MIT LINSEN

JALIL: *Als Kind erinnere ich mich an die besondere Beziehung zwischen meinem Vater und seiner Schwiegermutter, meiner Oma Loris. Jeden Morgen, bevor er das Restaurant öffnete, besuchte er sie, um Kaffee zu trinken und sich eine Portion ihres berühmten Mujadara zu holen. Es war sein tägliches Ritual. Bis heute ist dieses Gericht für mich ein Symbol für Liebe und Verbundenheit.*

FÜR 4 PERSONEN

FÜR DAS MUJADARA
200 g Berglinsen
185 g hochwertiger Rundkornreis
6 EL hochwertiges natives Olivenöl extra oder kalt gepresstes Rapsöl
1 gehäufter TL gemahlener Kreuzkümmel
1 gehäufter TL gemahlene Kurkuma
650 ml kochendes Wasser
¾ TL Himalaja-Salz

FÜR DEN BELAG
2 große weiße Zwiebeln (oder mehr nach Geschmack)
200 g Petersilie
100 g Koriander
4–5 EL hochwertiges natives Olivenöl extra oder kalt gepresstes Rapsöl
1 Prise Himalaja-Salz
250 g gemischte Beeren (z. B. Himbeeren, Heidelbeeren und Brombeeren)

FÜR DIE KURKUMA-TAHINI-SAUCE
100 g Tahini
ca. 80 ml Wasser
Saft von 1 Zitrone
1 Knoblauchzehe
1 gestrichener TL gemahlene Kurkuma
¼ TL Salz
1 Prise weißer Pfeffer

ZUM GARNIEREN
Sultaninen, Granatapfelkerne und Berberitzen

» Für das Mujadara Linsen und Reis in einem Sieb getrennt gut mit Wasser abspülen und abgießen. Die Linsen anschließend 15 Minuten in Wasser kochen und abgießen. Sie sollten noch Biss haben. Den Reis ebenfalls ca. 15 Minuten kochen, sodass auch er noch etwas Biss hat.

» In einem großen, breiten Topf mit schwerem Boden das Öl bei mittlerer Temperatur erhitzen und Kreuzkümmel und Kurkuma zufügen. Die Gewürze 1 Minute unter ständigem Rühren anbraten, damit sich ihre Aromen entfalten. Linsen und Reis in den Topf geben und 2 Minuten anbraten. Dabei ständig umrühren, damit nichts anbrennt. Dann das kochende Wasser eingießen, umrühren und mit Himalaja-Salz abschmecken. Den Topf mit einem dicht schließenden Deckel abdecken und die Temperatur auf niedrige Hitze reduzieren. Alles ca. 15 Minuten gar köcheln lassen. Bei Bedarf noch etwas Wasser eingießen.

» Für den Belag in der Zwischenzeit die Zwiebeln schälen, in dünne Scheiben schneiden. Petersilie und Koriander waschen, abtrocknen und hacken. Das Öl in einem separaten Topf erhitzen. Die Zwiebeln darin bei mittlerer Hitze goldbraun anbraten. 1 Prise Salz und die gemischten Beeren zugeben und weitere 5 Minuten braten. Sobald Reis und Linsen gar sind, Petersilie und Koriander unter die Zwiebel-Beeren-Mischung rühren.

» Für die Sauce das Tahini mit Wasser und Zitronensaft geschmeidig rühren. Bei Bedarf noch etwas Flüssigkeit zugeben. Den Knoblauch schälen, zerdrücken und mit der Kurkuma zugeben. Gut mit Salz und Pfeffer abschmecken.

» Zum Servieren die Kurkuma-Tahini-Sauce in der Mitte einer Platte verteilen. Die Mujadara daraufgeben – am besten mit einem Servierring oder in einer Tasse – und mit der karamellisierten Zwiebel-Beeren-Mischung toppen. Mit Sultaninen, Granatapfelkernen und Berberitzen garnieren und sofort servieren.

KANAAN-MOUSSAKA

OZ: *Als Kind hatte ich das Vergnügen, meine Nachmittage und Ferien mit »Großmutter« Yael zu verbringen, die eigentlich nicht meine Großmutter, sondern die Tante meines Vaters war. Sie lebte in Netanya, wo auch meine Familie und ich einige Jahre lang wohnten. Yael war eine Grande Dame, die immer sorgfältig auf ihre Garderobe achtete. Sie arbeitete als Bibliothekarin und rauchte lange Pfefferminzzigaretten. Eine meiner schönsten Erinnerungen an sie waren die Dienstage, an denen ihr die tunesische Nachbarin aus dem vierten Stock einen Topf Moussaka brachte, eine köstliche Balkanpastete aus Gemüse, Fleisch und einer cremigen Béchamelsauce. Im Gegenzug erhielt sie Großmutter Yaels »Haarfärbeservice«. Das war für beide ein guter Deal! Dieses Rezept ist meine eigene Version von Moussaka – eine vegane Variante mit grünen Linsen und einer köstlichen Sauce aus Tahini.*

FÜR 6 PERSONEN

FÜR DAS GEMÜSE
3 große Auberginen
Salz
Olivenöl zum Beträufeln
frisch gemahlener schwarzer Pfeffer

FÜR DIE KARTOFFELFÜLLUNG
3 große Kartoffeln
2 EL Olivenöl
2 TL Za'atar (nordafrikanische Gewürzmischung)
½ TL Salz
½ TL Knoblauchpulver

FÜR DIE TOMATEN-LINSEN-FÜLLUNG
250 g grüne Linsen
1 große Zwiebel
½ rote Paprikaschote
½ gelbe Paprikaschote
½ grüne Paprikaschote
3 Knoblauchzehen
2 EL neutrales Öl
1 TL Salz (oder nach Geschmack)
¼ TL frisch gemahlener schwarzer Pfeffer
1 TL gemahlener Kreuzkümmel
1 TL Paprikapulver (edelsüß)
½ TL getrockneter Oregano
½ TL gemahlener Zimt
1 gestrichener TL brauner Zucker
2 EL Thymianblätter (optional)
1 EL Tomatenmark
1 Dose (à 400 g) gehackte Tomaten
¾ Tasse Walnüsse

FÜR DIE VEGANE BÉCHAMELSAUCE
50 ml Sonnenblumenöl
50 g Mehl (oder Maismehl bzw. Tapiokamehl)
360 ml ungesüßte Sojamilch
1½ EL Nährhefe
Salz
frisch gemahlener schwarzer Pfeffer

FÜR DIE TAHINI-SAUCE
120 ml Tahini
100 ml Wasser

ZUM GARNIEREN
Thymian

AUSSERDEM
1 große Auflaufform
Öl für die Form

FORTSETZUNG ➘

» Die grünen Linsen in Wasser einweichen und zur Seite stellen. Den Backofen auf 180 °C vorheizen.

» Die Auberginen waschen, die Enden abschneiden und der Länge nach in ca. 1 cm dicke Scheiben schneiden. Dabei die Ränder der Auberginen anderweitig verwenden, es sollten nur glatte Scheiben vorhanden sein. Die Scheiben gleichmäßig mit dem Salz einreiben und 1 Stunde ziehen lassen. Auf ein mit Backpapier ausgelegtes Blech geben, mit Olivenöl beträufeln, mit Salz und Pfeffer würzen und 20–25 Minuten backen. Die Auberginen nach der Hälfte der Zeit wenden. Wenn sie weich werden und anfangen zu bräunen, aus dem Ofen nehmen und beiseitestellen. Den Ofen nicht ausschalten.

» Während die Auberginen garen, für die Kartoffelfüllung die Kartoffeln schälen, in einen Topf mit kaltem Wasser auf den Herd stellen und ca. 25 Minuten gar kochen. Vom Herd nehmen und das Wasser abgießen. Die Kartoffeln mit Olivenöl, Za'atar, Salz und Knoblauchpulver stampfen.

» Außerdem die eingeweichten Linsen durch ein Sieb abgießen, in einen Topf geben, mit reichlich Wasser auffüllen und ca. 20 Minuten kochen, bis sie anfangen, weich zu werden. Dann das Wasser abgießen und die Linsen ebenfalls beiseitestellen.

» Für die Tomaten-Linsen-Füllung die Zwiebel schälen und fein würfeln. Die Paprika waschen, von Samen und Scheidewänden befreien und hacken. Den Knoblauch schälen und zerdrücken. Das Öl in einer Pfanne erhitzen und beides darin goldgelb anbraten. Die Linsen zugeben und gut vermengen. Anschließend Gewürze, Tomatenmark, gehackte Tomaten und Paprika zugeben und verrühren. Weitere 3–4 Minuten unter ständigem Rühren kochen, bis die Flüssigkeit weitgehend verdampft ist. Die Walnüsse hacken, unterrühren und den Herd ausschalten.

» Für die Béchamelsauce das Öl in einer Pfanne erhitzen, das Mehl zugeben und gut vermischen. Dann nach und nach den Sojadrink eingießen, dabei ständig mit einem Schneebesen rühren, damit keine Klumpen entstehen. Bei mittlerer Hitze und unter Rühren weiterköcheln lassen, bis die Sauce beginnt einzudicken. Dann Hefe, Salz und Pfeffer zugeben, verrühren, abschmecken und nachwürzen. Den Herd ausschalten. Die Sauce sollte dickflüssig sein.

» Zum Formen der »Päckchen« je zwei Auberginenscheiben kreuzweise auf die Arbeitsfläche legen und in die Mitte etwas Kartoffelfüllung geben, etwas Tomaten-Linsen-Füllung und ein wenig Béchamelsauce. Die Seiten zusammenklappen, und das Gleiche nochmals wiederholen. Die Enden dann so umklappen, dass die Päckchen gut verschlossen sind.

» Die Auflaufform einfetten. Die Hälfte der restlichen Tomaten-Linsen-Füllung darin verteilen, die Päckchen darauflegen und anschließend die übrige Tomaten-Linsen-Füllung darübergeben.

» Die Form 15 Minuten in den 180 °C heißen Ofen schieben, dann nochmals 5 Minuten die Grillfunktion einschalten. Für die Tahini-Sauce Tahini und Wasser gründlich verrühren und über dem Auflauf verteilen. Nochmals 5 Minuten in den Ofen geben. Mit frischen Thymianblättern bestreuen und servieren.

TIPPS

Kartoffeln und Linsen können 1–2 Tage im Voraus zubereitet und bis zur Verwendung im Kühlschrank aufbewahrt werden. | In einem luftdicht verschlossenen Behälter kann man auch die fertige Moussaka ca. 3 Tage im Kühlschrank aufbewahren. | Wer mag, kann zum Überbacken der Auberginenpäckchen noch dünne Kartoffelscheiben darauflegen.

KUBE MAD
GEBACKENER BULGURTEIG MIT AUBERGINE

FÜR CA. 6 PERSONEN

FÜR DEN TEIG
320 g feiner Bulgur
640 ml heißes Wasser
50 g Mehl
3 EL Olivenöl plus mehr zum Beträufeln
1 TL Salz
½ TL gemahlener schwarzer Pfeffer
½ TL gemahlener Kreuzkümmel

FÜR DIE FÜLLUNG
1 mittelgroße Zwiebel
4 Auberginen
500 g Champignons
200 ml Olivenöl plus mehr zum Einfetten der Auflaufform und zum Beträufeln
1 EL Salz
1 EL geräuchertes Paprikapulver (alternativ edelsüß)
1 TL Knoblauchpulver
½ TL schwarzer Pfeffer
1 EL Tomatenmark

GRANATAPFELSAUCE (OPTIONAL)
50 g Tahini
50 ml Wasser
½ TL Salz
2 TL Granatapfelsirup
½ TL Knoblauchpulver

ZUM GARNIEREN
Pistazien- und Granatapfelkerne

AUSSERDEM
1 große Auflaufform

» Den Bulgur in einem Sieb kurz unter fließendem Wasser abspülen. Dann in einen Topf geben, das heiße Wasser zugeben und ca. 15 Minuten bei geschlossenem Deckel ziehen lassen, bis das Wasser vollständig aufgesogen ist. Anschließend Mehl, Olivenöl, Salz, Pfeffer und Kreuzkümmel unterrühren, bis eine homogene Masse entsteht.

» Für die Füllung die Zwiebel schälen und fein würfeln . Die Auberginen waschen und in feine Würfel schneiden. Die Champignons, wenn nötig, mit einem Tuch abwischen und ebenfalls fein würfeln. Das Öl in einer Pfanne erhitzen und die Zwiebeln darin ein paar Minuten goldbraun anbraten. Auberginen und Pilze zugeben, dann die Gewürze unterrühren und ein paar Minuten weiterbraten. Das Gemüse sollte noch etwas Biss haben. Den Herd abstellen. Tomatenmark hinzugeben und mit dem Gemüse vermischen.

» Den Backofen auf 180 °C vorheizen. Die Form mit Olivenöl fetten, die Hälfte der Bulgurmasse hineingeben und flach drücken. Die Gemüsefüllung darauf verteilen. Mit der restlichen Masse bedecken und nochmals sanft flach drücken. Mit einem scharfen Messer in Quadrate schneiden und mit Olivenöl beträufeln. Im Ofen ca. 30 Minuten goldbraun backen. Vor dem Servieren etwas abkühlen lassen und mit Pistazien und Granatapfelkernen bestreut servieren.

» Optional noch eine Granatapfelsauce dazu servieren. Dazu alle Zutaten gründlich miteinander vermischen verrühren und separat zum Gericht reichen.

SOADS MAHSHI
GEFÜLLTES GEMÜSE

FÜR 4–6 PERSONEN

FÜR DIE FÜLLUNG
500 g grüne Linsen
1 große Zwiebel
130 g Rundkornreis
½ TL gemahlener Piment
10 EL Olivenöl
4 EL gehackte Petersilie
Salz
frisch gemahlener schwarzer Pfeffer

ZUM BEFÜLLEN
2 große Zwiebeln
2 große Tomaten
10 rote bzw. gelbe Mini-Spitzpaprika

FÜR DIE TOMATENSAUCE
5 Knoblauchzehen
6 EL Olivenöl
2 EL Tomatenmark
5 EL Granatapfelsirup
4 EL Zitronensaft
1 TL Paprikapulver (edelsüß)
1 TL getrocknete Minze
1 Lorbeerblatt
Salz
frisch gemahlener schwarzer Pfeffer
1 Dose (400 g) stückige Tomaten
300 ml Wasser

AUSSERDEM
eine große Auflaufform

» Für die Füllung zunächst die Linsen 8 Stunden in Wasser einweichen, dann abgießen. Die Zwiebel schälen, fein hacken und mit den restlichen Zutaten für die Füllung vermischen.

» Einen großen Topf mit Salzwasser auf den Herd stellen und erhitzen. Die 2 großen Zwiebeln zum Befüllen zunächst schälen, dann der Länge nach einschneiden und 20 Minuten im Wasser köcheln, bis sie weich sind und sich die einzelnen Schichten gut voneinander lösen lassen. Auskühlen lassen.

» Während die Zwiebeln kochen, Tomaten und Spitzpaprika waschen, jeweils einen »Deckel« abschneiden und vorsichtig aushöhlen. Das Tomateninnere grob hacken und zur Füllung geben.

» Für die Tomatensauce den Knoblauch schälen und in Scheiben schneiden. Das Olivenöl erhitzen und das Tomatenmark kurz darin anrösten. Die restlichen Zutaten, bis auf das Wasser, zugeben und aufkochen lassen. Dann das Wasser eingießen und ca. 20 Minuten köcheln lassen, bis eine sämige Tomatensauce entsteht. Bei Bedarf noch etwas Wasser zufügen.

» In der Zwischenzeit den Backofen auf 150 °C vorheizen. Je ca. 1 EL Füllung auf ein einzelnes Zwiebelblatt geben und mit einem anderen umwickeln, gut andrücken und aufrollen, sodass das »Päckchen« gut verschlossen ist. In die Form legen. Mit den restlichen Zwiebelblättern ebenso verfahren. Sollten welche übrig bleiben, einfach mit in die Form geben. Auch die ausgehöhlten Tomaten und Spitzpaprika füllen und in die Form geben. Die Tomatensauce darübergießen, zuvor jedoch ca. 6 EL davon zur Seite stellen.

» Die Form mit Alufolie bedecken und 1½–2 Stunden im Ofen backen. Sobald das Gemüse fertig gebacken und die Füllung gar ist, aus dem Ofen nehmen, die restliche Sauce gleichmäßig darüber verteilen und heiß servieren. Dazu passt auch Couscous.

TIPP

Das gefüllte Gemüse schmeckt direkt aus dem Ofen, aber auch am nächsten Tag kalt sehr gut, zum Beispiel mit Tahini in ein Pita-Brot geschichtet.

UGAT CHOKOLAD
SCHOKOLADENKUCHEN MIT TAHINI-GANACHE

FÜR 1 KUCHEN (CA. 12 STÜCKE)

FÜR DEN BODEN
60 g Tahini
120 ml warmes Wasser
100 g Joghurt
½ EL Vanillearoma
150 g Mehl
6 g Backpulver
180 g Zucker
1 Prise Salz
1 Ei
60 g zimmerwarme Butter plus mehr für die Form
40 g Kakaopulver

FÜR DIE TAHINI-GANACHE
100 g Zartbitterschokolade
100 g Tahini
200 ml Sahne
50 g Thymianhonig

AUSSERDEM
runde (Spring-)Form (ø 22–24 cm)
Nüsse zum Garnieren

» Den Backofen auf 160 °C vorheizen. Die Form mit Butter einfetten und mit Backpapier auslegen.

» Für den Boden Tahini in eine Schüssel geben und mit dem warmen Wasser verrühren. Dann Joghurt und die Vanille gründlich einrühren. Das Mehl mit dem Backpulver in eine weitere Schüssel sieben.

» In einer dritten Schüssel Zucker, Salz und Ei 6–8 Minuten bei hoher Geschwindigkeit schaumig schlagen, bis die Masse sehr »fluffig« ist. Anschließend die Butter stückchenweise zugeben und alles gründlich miteinander vermengen.

» Das Mehl und die Tahini-Mischung abwechselnd nach und nach zur Eimasse geben und so lange schlagen, bis alles gut miteinander verbunden ist. In die Form füllen und ca. 45 Minuten backen. Am besten eine »Stäbchenprobe« machen: Dazu ein Stäbchen in den Kuchen stechen, wenn nichts mehr daran klebt, ist er fertig.

» Aus dem Ofen nehmen und mindestens 3 Stunden im Kühlschrank stehen lassen.

» In der Zwischenzeit die Ganache zubereiten. Dazu die Schokolade in einem kleinen Topf über einem warmen Wasserbad schmelzen lassen. Mit den restlichen Zutaten in einer Schüssel gründlich vermischen. Mindestens 1 Stunde im Kühlschrank auskühlen und etwas fest werden lassen. Sie sollte sich gut verstreichen lassen.

» Zum Anrichten den Kuchenboden mit der Tahini-Ganache bestreichen. Nach Belieben mit Nüssen garnieren und sofort servieren.

SAVTA BISHLA DAYSA
GROSSMUTTERS GRIESSBREI

FÜR 4 PERSONEN

400 ml Milch
100 ml Wasser
100 g Weichweizengrieß
50 g Zucker
1 Prise Salz
½ TL gemahlener Mastix

ZUM GARNIEREN
Obst nach Wahl (z. B. Beeren, Kiwi, Apfel, Passionsfrucht), Ahornsirup und Pistazien

» Die Milch in einen kleinen Topf geben und erhitzen, in der Zwischenzeit Wasser und Grieß in einer Schüssel gut verrühren. Sobald die Milch heiß ist, die Grießmasse zugeben und ein paar Minuten bei niedriger Hitze unter ständigem Rühren köcheln lassen. Es sollten keine Klumpen entstehen.

» Sobald der Brei eindickt, Zucker, Salz und Mastix zugeben, mehrmals umrühren und vom Herd nehmen.

» In Schalen verteilen. Die Früchte waschen und in mundgerechte Stücke schneiden. Den Brei mit den Früchten dekorieren und mit dem Ahornsirup beträufeln. Die Pistazien darüberstreuen und alles am besten warm genießen.

TIPP

Mastix ist ein Gewürz, das aus Baumharz gewonnen wird. Es verleiht Speisen eine ganz besondere Note. Du findest es online oder in arabischen bzw. türkischen Läden.

DRITTE LEKTION:
NEIN IST NICHT GLEICH NEIN.

AM FREITAG

OZ

Bei uns zu Hause in Ariel begann die Freitagsroutine schon vor dem ersten Krähen des Hahns ganz früh am Morgen. Erst war es noch ganz ruhig, aber gegen fünf Uhr waren nicht mehr nur leise Schritte oder knarzende Türen zu hören, sondern immer mehr Geräusche, die zu einem Orchester von Schlaginstrumenten anwuchsen, wenn die Metalllöffel die Töpfe berührten. Nach vergeblichen Versuchen, unter dem Kopfkissen weiterzuschlafen, schlurfte ich schließlich mürrisch die Treppe hinunter in die Küche. Die Düfte des scharfen Paprika-Tomaten-Gerichts auf dem Herd, der frischen Brotfladen und der gebackenen Challahs drangen langsam in mein Bewusstsein vor, sodass ich bei den wunderbaren Gerüchen aus der Küche meiner Mutter für den Lärm zu früher Stunde nicht mehr böse sein konnte.

»Was gibt es zu essen?«, fragte ich.

»Es gibt nichts für dich, und wehe, wenn ich sehe, dass du die Töpfe anfasst; es ist alles für den Abend – rühre nichts an«, antwortete sie.

»Aber probiere die Pasteten, sie sind wirklich lecker geworden, genau wie bei Oma.« Und dann folgte: »Warum isst du es ohne Brot? Ohne Salat? Ohne etwas Hummus?«

Und so lernte ich die nächste Lektion: »Nein« ist nicht unbedingt absolut gemeint, sondern eher im Sinne von »Nicht in diesem Moment, eher in einer Minute«, nicht wahr?

VIERTE LEKTION:
ALLES KOMMT ZU SEINER ZEIT.

JALIL

Unsere Freitage in Ramla liefen folgendermaßen ab: Ich hörte aus dem Radio die Geigen in der langen Eröffnungsmusik von Farid el-Atrash (einem ägyptisch-syrischen Komponisten) und meine Mutter rief mir von unten zu: »Komm schon, Jalil, hör auf zu schnarchen; Papa ist seit drei Uhr morgens im Restaurant, steh auf. Habib albi, steh auf, Papa wartet auf dich.«

Es war erst fünf Uhr morgens und meine ältere Schwester saß mit geschlossenen Augen auf der Bank in der Küche und rollte Weinblätter im Halbschlaf, während meine Mutter mit all den anderen Töpfen kochte und zu meiner Schwester sagte: »Näher ran, enger wickeln! Nicht so nah dran!! Nicht so, mach schneller!«

Nach zehn Minuten Geigen-Ouvertüre und dem Spiel mit den Nerven meiner Schwester pflegte Mutter mitten in der Küche stehen zu bleiben und laut zu singen: »Wayak wayak el donya helwe wayak – Papa wartet auf dich.«

Ich öffnete die schweren Metalltüren und das Sonnenlicht strömte ins Haus. Ich lief los, während der Duft der Bäckerei aus dem Eingang des Shuk strömte, fast wie auf Schienen, die mich zu meinem ersten Halt führten, um für Papa und die Angestellten Challahs für die Frühstückssalate zu kaufen. Ich ärgerte mich zwar darüber, dass ich so frühmorgens aufgestanden war, aber – wie gesagt – mein Vater war schon viel länger auf und bereitete die Salate für das Wochenende im Restaurant vor.

Ich sprintete los und hatte das Gefühl, wieder einmal zu spät zu kommen. Dudu, der jüdische Bäcker, lächelte mich an, während er an seinem schwarzen Kaffee nippte, und sagte zu mir: »Abu Samir, sag deinem Vater, dass er mir noch Hummus für den Nachmittag schuldet.«

Ich nahm die Challahs und eilte zurück. Die Küche war bereits voller Rauch. Das bedeutete, dass ich gerade noch rechtzeitig kam für die gerösteten Auberginen, den letzten Salat. Vater schüttete Tahin darüber, lächelte mich an und sagte: »Lass dir das eine Lehre sein, mein Sohn: Du brauchst im Leben nicht zu hetzen und zu kämpfen; alles kommt zu seiner Zeit, vertraue auf Allah.«

ICH BIN

ICH BIN
HUMMUSSEXUELL

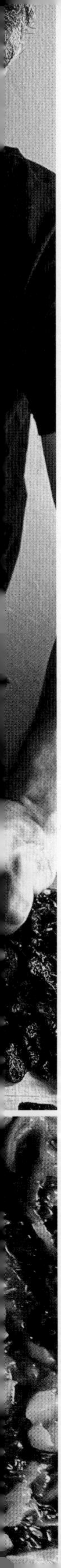

SAVTA RACHEL CUSCUS
ISRAELISCHES COUSCOUS

OZ: *Bei unseren Familienessen ging es immer sehr lebhaft zu. Meine Großmutter mütterlicherseits, Rachel, war aus Marokko nach Israel eingewandert, während mein Vater, seine Schwester und ihre Mutter Dalia – meine andere Großmutter – rumänische Einwanderer waren. Ich erinnere mich an einen bestimmten Freitagabend, als ich sechs Jahre alt war. Meine Großmutter Rachel hatte ein Festmahl aus Couscous, Suppe und Gemüse zubereitet. Alles war schon perfekt angerichtet auf dem liebevoll gedeckten Tisch. Dann kam meine Großmutter Dalia mit einer übervollen Platte mit Couscous, Gemüse, gefülltem Kohl und Eiersalat mit Kartoffeln.*

Als ich auf den Teller mit den Speisen vor mir starrte, spürte ich die erwartungsvollen Blicke meiner Großmütter, die beide hofften, dass ich aus ihren Gerichten auswählen würde. Ich wollte keine von ihnen enttäuschen und zögerte. In diesem Moment mischte sich mein Großvater Claude ein. Er nahm mir den Löffel ab und sagte: »Ich zeige dir, was am köstlichsten ist: Nimm etwas von Oma Rachels Couscous, nimm etwas von Oma Dalias gefülltem Kohl …« Und so füllte sich mein Teller. Mein Opa war immer darauf bedacht, abwechselnd von den Speisen beider Großmütter zu nehmen. »Weißt du, Junge, im Leben wie im Magen gilt: Zusammen ist es immer besser!« Diese Worte begleiten mich bis heute und wurden zu meinem Leitsatz, auch für meine Art zu kochen. In unserem Restaurant Kanaan kombinieren Jalil und ich die Aromen und Kochkünste unserer Großmütter, die eine Mischung aus israelisch-marokkanischer Küche und palästinensischen Gewürzen und Kochtechniken sind. Das gilt auch für ein gutes Couscous. Lasst es euch schmecken – am besten mit vielen guten Freunden und der Familie.

DAS REZEPT STEHT AUF DEN FOLGENDEN SEITEN.

FÜR 6 PERSONEN

1 Zwiebel
1 große Zucchini
150 g Petersilienwurzel
150 g Knollensellerie
1 große Kartoffel
250 g Kürbis (z. B. Hokkaido)
1 große Karotte
1 Süßkartoffel
¼ Weißkohl
1 große Zucchini
4 Knoblauchzehen
300 ml neutrales Öl
1 Dose Kichererbsen (à 350 g)
100 g glatte Petersilie
100 g frischer Koriander
1½ EL Salz
1 TL frisch gemahlener schwarzer Pfeffer
1 TL gemahlene Kurkuma
1 TL Paprikapulver (edelsüß)
½ TL gemahlener Kreuzkümmel

FÜR DIE TOMATENPASTE
2 EL Tomatenmark
100 ml heißes Wasser
1 TL Chuma-Pfefferpaste (tunesische Paprikapaste)

FÜR DEN COUSCOUS
500 g Instant-Couscous
500 ml heißes Wasser
500 ml Kochbrühe vom Gemüse

ZUM SERVIEREN
getrocknete Aprikosen, Cranberrys, Granatapfelkerne
ca. 5 EL Zhoug (siehe Seite 115) (oder nach Geschmack)

» Die Zwiebel vierteln, das weitere Gemüse putzen, waschen, bei Bedarf schälen und in sehr grobe Stücke schneiden. Die Knoblauchzehen schälen.

» Das Pflanzenöl in einem großen Topf erhitzen, die Zwiebel bei schwacher Hitze goldbraun darin anbraten, bis Röstaromen entstehen. Die Knoblauchzehen zugeben und kurz darin schwenken, im Anschluss Petersilienwurzel, Knollenselleriekknolle, Kartoffel, Kürbis, Karotte, Süßkartoffel und Weißkohl zugeben. Alles 10 Minuten bei schwacher Hitze garen lassen, bis es etwas Farbe angenommen hat. In der Zwischenzeit die Kichererbsen in ein Sieb abgießen, abspülen und abtropfen lassen. Petersilie und Koriander waschen, abtrocknen und hacken. Dann Zucchini, Kichererbsen, Gewürze und Kräuter zum Gemüse geben und so viel Wasser eingießen (ca. 1 l), bis alles eben bedeckt ist, und weitere 15 Minuten köcheln lassen. Dann vom Herd nehmen.

» Währenddessen den Backofen auf 170 °C vorheizen und ein Blech mit Backpapier auslegen. Das Gemüse mit einer Schaumkelle entnehmen – und zwar jedes Gemüse separat – und auf das Backpapier legen. So lässt es sich später schöner anrichten. Achtung: Die Brühe nicht weggießen, sie wird später für den Couscous benötigt.

» Für die Tomatenpaste alle Zutaten in einer Schüssel gut verrühren, sodass sich eine Paste ergibt. Anschließend mit einem Löffel gleichmäßig auf dem Gemüse verteilen. Alles ca. 30 Minuten im Ofen backen, bis sich eine schöne Kruste bildet.

» Währenddessen den Couscous zubereiten: Dazu den Couscous in eine Schüssel geben und mit heißem Wasser und der aufbewahrten Brühe übergießen. Bei geschlossenem Deckel ca. 5 Minuten quellen lassen und im Anschluss mit einer Gabel etwas auflockern.

» Zum Servieren den Couscous in der Mitte einer großen Platte verteilen. Das Gemüse aus dem Ofen darauf häufen. Mit getrockneten Aprikosen, Cranberrys und Granatapfelkernen garnieren und etwas Zhoug darübergeben. Nach Belieben mehr dazu reichen. Außerdem die restliche Brühe in einer Karaffe dazu reichen, sodass sich jede*r noch davon nehmen kann.

SHORABAT ARNABIT
BLUMENKOHLSUPPE

FÜR 4 PERSONEN

1 große Zwiebel
2 Knoblauchzehen
2 mittelgroße Karotten
1 Petersilienwurzel
1 großer Blumenkohl
2 EL Olivenöl
600 ml kochendes Wasser
1 TL gemahlener Kreuzkümmel
1 EL getrockneter Koriander
200 g Tahini
Salz

ZUM GARNIEREN
Granatapfelkerne und Granatapfelsirup

» Die Zwiebel schälen und fein hacken. Die Knoblauchzehen schälen und ebenfalls fein hacken. Karotten und Petersilienwurzel schälen und in Stücke schneiden.

» Den Blumenkohl waschen, in Röschen zerteilen und grob hacken.

» Das Öl in einem großen Topf erhitzen, dann Zwiebel und Knoblauch ca. 2 Minuten darin anbraten. Karotten und Petersilienwurzel hineingeben und 1–2 Minuten weiterbraten. Dann den Blumenkohl zugeben und unter ständigem Rühren 20 Minuten weiterbraten, bis eine krümelige Konsistenz entsteht.

» Mit dem kochenden Wasser ablöschen, mit Kreuzkümmel und Koriander würzen und ca. 40 Minuten weiterköcheln lassen. Bei Bedarf noch Wasser zufügen, die Suppe sollte schön sämig sein. Danach mit einem Pürierstab (oder im Mixer) zu einer glatten Suppe pürieren. Das Tahini sorgfältig unterrühren. Den Topf vom Herd nehmen, nach Geschmack salzen und heiß servieren.

» Zum Servieren mit Granatapfelkernen und Granatapfelsirup garnieren.

MAFROUM
GEFÜLLTE KARTOFFELN

OZ UND JALIL: *Die Zubereitung von Mafroum mag wie eine einschüchternde Aufgabe erscheinen, aber vertraut uns: Es lohnt sich! Das Ergebnis ist ein köstliches Gericht, von dem man nicht genug bekommen kann. Und das Beste: Es ist nicht annähernd so kompliziert, wie man zunächst denkt. Am nächsten Tag schmecken die Reste sogar noch besser.*

FÜR 4–6 PERSONEN

4 große Kartoffeln
2 mittelgroße Zwiebeln
5 Champignons
Rapsöl zum Braten und Ausbacken
4 EL gehackte Petersilie
4 EL gehackter Koriander
2 EL gehackte Frühlingszwiebeln
½ TL Salz
1 Prise frisch gemahlener schwarzer Pfeffer
1 mittelgroße Süßkartoffel
glatte Petersilie zum Dekorieren

FÜR DIE PANADE

3 Eier (alternativ 50 g eingeweichte helle Chiasamen oder Tahini-Sauce)
200 g Mehl plus mehr zum Verarbeiten

FÜR DIE SAUCE

200 g geröstete Auberginen (siehe Seite 26)
4 große Tomaten, in Stücke geschnitten
4 Knoblauchzehen
6 EL Olivenöl
1 EL Tomatenmark
½ TL Paprikapulver (edelsüß)
1 TL Salz
½ TL gemahlene Kurkuma
2 TL Paprikapulver (edelsüß)
1 TL Salz
½ TL frisch gemahlener schwarzer Pfeffer
100 ml heißes Wasser

» Den Backofen auf 200 °C vorheizen. Die Kartoffeln schälen und in 2 cm dicke Scheiben oder Hälften schneiden. Jede Scheibe vom Rand her so einschneiden, dass eine kleine Tasche – ähnlich wie beim Fladenbrot – entsteht.

» Die Zwiebeln schälen und in kleine Würfel schneiden. Die Champignons, wenn nötig, putzen und ebenfalls würfeln. 1 TL Öl in einer Pfanne erhitzen und beides darin anbraten. Gehackte Kräuter und Frühlingszwiebeln zugeben und mit Salz und Pfeffer würzen.

» Die Süßkartoffel schälen, halbieren, dann auf ein Blech legen und im Ofen 25–30 Minuten backen, bis sie weich wird. Anschließend mit einem Stampfer zu Püree zerdrücken. In einer Schüssel das Süßkartoffelpüree mit der Pilz-Zwiebel-Mischung vermengen. Diese Mischung mit den Händen zu kleinen Bällchen formen.

» Die Kartoffeltaschen mit den Bällchen füllen und auf einem Teller oder Tablett beiseitelegen.

» Für die Panade die Eier in einer Schüssel verquirlen. Das Mehl in eine zweite Schüssel geben. Die gefüllten Kartoffeln leicht bemehlen. Zuerst in die Eier, dann ins Mehl und schließlich noch einmal in die Eier tauchen. Rapsöl 2 cm hoch in eine Pfanne gießen und erhitzen. Die gefüllten Kartoffeln goldbraun darin ausbacken – das dauert ca. 2 Minuten auf jeder Seite.

» Für die Sauce die Auberginen rösten (siehe Seite 26), die Tomaten waschen und vom Stielansatz befreien, in Stücke schneiden. Den Knoblauch schälen und hacken. Das Olivenöl in einem Topf erhitzen, das Tomatenmark hinzufügen und kurz anrösten. Dann Knoblauch, Paprikapulver, Auberginen, Tomaten, Salz, Pfeffer und Kurkuma hinzufügen, alles nochmals kurz im Topf erhitzen. Dann das Wasser hinzugießen und für ca. 15 Minuten köcheln lassen, bis die Sauce eindickt. In der Zwischenzeit den Ofen noch einmal auf 180 °C vorheizen.

» Die Kartoffeln in eine Form geben, mit der Sauce übergießen und ca. 40 Minuten backen. Mit Petersilie garnieren und noch heiß in der Form servieren.

DALAT PASTA VE CHALOMI
PASTA MIT KÜRBIS

FÜR 4 PERSONEN

1 Packung (ca. 500 g) Pappardelle (z. B. aus Kichererbsenmehl oder nach Belieben)
1 kleiner Kürbis (ca. 700 g) (z. B. Hokkaido oder Butternuss)
1 kleine rote Zwiebel
Olivenöl zum Anbraten
1 TL getrockneter Thymian
Salz
frisch gemahlener schwarzer Pfeffer
3 EL Balsamicoessig
1 gestrichener EL brauner Zucker
400 g Halloumi

ZUM GARNIEREN
geröstete Kokoschips, Walnüsse oder Kürbiskerne und Schnittlauchhalme (optional)

» Die Nudeln in Salzwasser nach Packungsangabe al dente kochen.

» Währenddessen den Kürbis waschen, halbieren, entkernen und in ca. 1 cm große Würfel schneiden. Die Zwiebel schälen und in dünne Scheiben schneiden.

» 2 EL Olivenöl in einem breiten, flachen Topf erhitzen. Die Zwiebel ein paar Minuten darin anbraten, dann den Thymian zugeben, weiterbraten, bis die Zwiebeln gebräunt sind, und mit Salz und Pfeffer würzen. Balsamico und Zucker zugeben und unter Rühren ca. 2 Minuten köcheln.

» 4 EL Olivenöl in einer Pfanne, am besten Grillpfanne, erhitzen und die Kürbisstücke darin von allen Seiten anbraten, bis sie Farbe bekommen.

» Sobald die Nudeln gar sind, abgießen, abtropfen lassen und in den Topf zu den karamellisierten Zwiebeln geben. Alles gut vermischen.

» Den Halloumi würfeln oder in Scheiben schneiden und mit Pfeffer würzen. 2 EL Olivenöl in der Pfanne erhitzen und den Halloumi bei starker Hitze 3–4 Minuten am besten in einer Grillpfanne anbraten, bis er gut gebräunt ist.

» Zum Servieren Nudeln und Kürbis auf einer Servierplatte verteilen. Den Halloumi darauflegen und mit Kokoschips, Walnüssen und Schnittlauch garniert servieren.

TIPP

Lecker dazu schmecken auch frittierte Salbeiblätter: Dazu in einer Pfanne Olivenöl erhitzen. Die Salbeiblätter waschen, abtrocknen und im Öl knusprig anbraten. Herausnehmen und zum Entfetten auf Küchenpapier legen.

CHALLAH SHABAT
TRADITIONELLER HEFEZOPF

Challah ist der traditionelle jüdische Hefezopf, der am Shabbat (Freitag) oder zu anderen Feiertagen nicht fehlen darf. Er wird auch gerne zu pikanten Gerichten gereicht! Da nach den jüdischen Speiseregeln (Kaschrut) niemals Fleisch mit Milchprodukten gemischt werden darf, wird er grundsätzlich ohne Milchprodukte gebacken.

FÜR 2 GROSSE CHALLAHS

FÜR DEN TEIG
1 Würfel (à 42 g) frische Hefe
100 g Zucker
400 ml lauwarmes Wasser
2 Eier (Größe L)
70 ml Rapsöl plus etwas zum Verarbeiten
1 EL Salz
1 kg Weizenmehl plus etwas zum Verarbeiten

ZUM BESTREICHEN
1 Ei
3 EL Wasser
helle Sesamsamen

» Für den Teig die Hefe in einer Schüssel zerbröckeln und mit 1 EL Zucker vermischen. Dann eine halbe Tasse lauwarmes Wasser dazugießen, umrühren und abgedeckt an einen warmen Ort stellen. 15–20 Minuten stehen lassen, bis sich ein leichter Schaum an der Oberfläche gebildet hat.

» Anschließend das restliche Wasser, Eier, Öl, den restlichen Zucker und Salz zugeben und miteinander verrühren. Nach und nach das Mehl zugeben und mit den Knethaken des Handrührgeräts oder in einer Küchenmaschine so lange kneten, bis ein geschmeidiger Teig entstanden ist, der nicht mehr an den Fingern kleben bleibt. Wenn nötig, noch etwas Mehl oder Wasser zufügen.

» Eine Schüssel einölen und den Teig einmal darin wenden, damit er gleichmäßig mit dem Öl benetzt ist. Die Schüssel abgedeckt an einem warmen Ort 1 – 1½ Stunden gehen lassen, bis sich das Volumen verdoppelt hat.

» Den Backofen auf 180 °C vorheizen und die Arbeitsfläche bemehlen. Den Teig zunächst in zwei Teile teilen und diese dann nochmals in je drei gleich große Portionen. Jede Portion zu gleichmäßigen Strängen von ca. 50 cm rollen. Jeweils drei Stränge am oberen Ende zusammendrücken, zu einem Zopf flechten und am unteren Ende wieder zusammendrücken. Die Enden abgerundet nachformen.

» Die beiden Zöpfe mit ausreichend Abstand auf ein mit Backpapier ausgelegtes Blech geben, da sie beim Backen aufgehen. Alternativ zwei Bleche benutzen.

» Zum Bestreichen das Ei mit dem Wasser verquirlen und die Zöpfe mithilfe eines Backpinsels gleichmäßig damit bestreichen, dann den Sesam aufstreuen. Weitere 30 Minuten an einem warmen Ort gehen lassen und anschließend im Ofen ca. 40 Minuten backen, bis die Zöpfe eine goldgelbe Farbe angenommen haben.

HA SANDWICH SHEL SHISHI
KANAAN-SANDWICH

Das Big Sandwich besteht aus vielen unterschiedlichen Komponenten, die zusammen eine Geschmacksexplosion sind!

FÜR 1 GROSSES SANDWICH

CHALLAH → ***Seite 79***
KANAAN-KARTOFFELKÜCHLEIN → ***Seite 83***
ROTER KRAUTSALAT → ***Seite 84***
MATBUCHA → ***Seite 85***
HUMMUS KANAAN → ***Seite 23***

LEVIVOT TAPOCH ADAMA
KANAAN-KARTOFFELKÜCHLEIN

FÜR 4–6 PERSONEN

5 Kartoffeln
1 Zwiebel
5 EL geröstete Auberginen (etwa 2 Auberginen, zum Rösten siehe Seite 26)
1 Handvoll Koriander
1 Handvoll Petersilie
5 Frühlingszwiebeln
2 Eier
2 EL Semmelbrösel (optional)
Salz
frisch gemahlener schwarzer Pfeffer
scharfes Chiligewürz (nach Geschmack)
neutrales Öl zum Ausbacken

» Kartoffeln und Zwiebel schälen. Die Kartoffeln waschen und beides grob in eine große Schüssel reiben. In ein feines Sieb geben und die Flüssigkeit gut ausdrücken und abtropfen lassen, bis die Mischung möglichst trocken erscheint.

» Die Auberginen rösten wie auf Seite 26 beschrieben.

» Koriander und Petersilie waschen, abtrocknen und hacken. Die Frühlingszwiebeln waschen, putzen, hacken und zusammen mit Kartoffeln, Zwiebeln und den restlichen Zutaten in eine Schüssel geben. Gut verrühren, bis eine recht feste Masse entsteht.

» In einer Pfanne reichlich Öl erhitzen. 1 gehäuften EL Teig in die Pfanne geben und flach drücken. Die Puffer ca. 2 Minuten von jeder Seite goldbraun ausbacken. Aus der Pfanne nehmen, auf Küchenpapier abtropfen lassen.

TIPP

Du kannst die Puffer nicht nur als Belag für unser Sandwich verwenden, sondern auch direkt heiß als vegetarisches Burgerpatty. Auch kalt oder bei Zimmertemperatur schmecken sie am nächsten Tag zum Beispiel in der Brotbox als Snack mit einem Dip lecker. | Für vegane Kartoffelpuffer einfach die beiden Eier durch ca. 100 g Tahini ersetzen, bis die gewünschte Konsistenz zum Braten erreicht ist.

KROV BE MAYONEZ
ROTER KRAUTSALAT

FÜR 6–8 PERSONEN

1 Knoblauchzehe
500 g Rotkohl
½ TL Salz
½ EL Zucker
1 EL Zitronensaft
3 EL vegane Mayonnaise

» Den Knoblauch schälen und klein schneiden. Den Rotkohl waschen und grob raspeln – das geht am besten mit einer Küchenmaschine, aber natürlich auch von Hand. In eine Schüssel geben und das Salz zugeben, gut vermengen und 1 Stunde ziehen lassen. Anschließend in einem Sieb gut abtropfen lassen und nochmals kurz auf Küchenpapier auslegen, damit der ausgetretene Saft vollständig aufgesogen wird.

» Die restlichen Zutaten zugeben und alles gründlich miteinander vermischen. Vor dem Servieren abgedeckt mindestens 1 Stunde im Kühlschrank ziehen lassen. Dort hält er sich 2–3 Tage.

MATBUCHA
TOMATENSALSA

FÜR 6–8 PERSONEN

je 1 rote, grüne und gelbe Paprikaschote
5 Knoblauchzehen
80 ml Olivenöl
3 scharfe Chilischoten
500 g gehackte Tomaten (Dose)
1 TL Paprikapulver (edelsüß)
½ TL Zucker
1½ TL Salz

» Die Paprikaschoten waschen, auf ein Backblech geben und bei 240 °C auf oberster Schiene bei Oberhitze 20–30 Minuten backen, bis die Haut schwarz ist. Dann in eine Dose mit Deckel geben, verschließen und ein paar Minuten stehen lassen. Anschließend lassen sich die Schoten ganz einfach von der Haut befreien.

» Die Knoblauchzehen schälen. Das Olivenöl bei schwacher Hitze erwärmen und sobald es warm ist, die Knoblauchzehen hineingeben und ebenfalls bei schwacher Hitze ca. 20 Minuten schmoren lassen, bis sie goldgelb und sehr weich sind. Herausnehmen und mit einer Gabel zerdrücken.

» Die Chilischoten waschen und klein schneiden. Die drei Paprikaschoten klein schneiden.

» Die Chili im Knoblauchöl bei schwacher Hitze ca. 10 Minuten anrösten. Dann Paprika, Tomaten und Gewürze zugeben und 1 Stunde bei sehr kleiner Hitze köcheln lassen.

TIPP

Diese Sauce eignet sich auch bestens als Dip für Tacos oder zu Reis als pikante, würzige Sauce. Auch als Basis, um eine leckere Shakshuka zuzubereiten, ist sie perfekt.

FOSTOK FETA
FETA-PISTAZIEN-DIP

OZ UND JALIL: *Dieses besondere Dip-Rezept ist so einfach zuzubereiten, dass es fast zu schön ist, um wahr zu sein! Und man kann es vielseitig einsetzen, entweder für Gemüsegerichte oder einfach als schmackhaften Brotaufstrich.*

FÜR 4 PERSONEN

200 g Spinatblätter
200 g Feta
60 g Pistazienpaste (fertig zu kaufen)
1 konfierte Knoblauchzehe (oder 1 frische Zehe) siehe Seite 122
neutrales Öl (wenn nötig)

ZUM GARNIEREN
gehackte eingelegte Paprikaschoten und gehackte Pistazien

» Die Spinatblätter waschen, gut abtrocknen und mit den restlichen Zutaten pürieren. Wenn nötig, ein wenig Öl zugeben, um die gewünschte Textur zu erreichen. Zum Servieren in ein Schälchen füllen und mit Paprika und Pistazien garnieren.

MALABI
PANNACOTTA

FÜR 6–8 PORTIONEN

FÜR DEN MALABI-SIRUP
½ Rote-Bete-Knolle
660 ml Wasser
150 g Zucker
1 EL Zitronensaft
1 EL Maisstärke
1 EL Rosenwasser (oder Orangenblütenwasser)

FÜR DEN MALABI
1 Dose (à 400 ml) Kokosmilch
400 ml Mandeldrink
100 g Zucker
125 ml Wasser
60 g Maisstärke
2 Tropfen Rosenwasser

ZUM GARNIEREN
Malabi-Sirup zum Beträufeln, gehackte Nüsse (z. B. Pistazien) und frische Beeren (optional) zum Servieren

» Für den Malabi-Sirup die Rote Bete waschen, schälen (am besten Küchenhandschuhe verwenden), mit 600 ml Wasser und Zucker in einen Topf geben und bei mittlerer Hitze 20 Minuten kochen. Dann den Zitronensaft zugeben, umrühren und weitere 3 Minuten bei schwacher Hitze köcheln lassen. Die Rote Bete entnehmen.

» In einer Schüssel Maisstärke mit dem restlichen Wasser (60 ml) und dem Rosenwasser mischen und mit einer Gabel gut durchrühren, bis die Mischung glatt ist. Es dürfen keine Klumpen mehr zu sehen sein. Diese Mischung nach und nach mit einem Schneebesen zur Flüssigkeit in den heißen Topf geben und ca. 30 Sekunden rühren, bis alles leicht eindickt (beim Abkühlen stabilisiert sie sich weiter). Gut abkühlen lassen und in eine heiß ausgespülte Flasche füllen.

» Für den Malabi Kokosmilch, Mandeldrink und Zucker in einen großen Topf geben und zum Kochen bringen. Währenddessen Wasser, Maisstärke und Rosenwasser in eine kleine Schüssel geben und mit einer Gabel sorgfältig glatt rühren, bis keine Klumpen mehr zu sehen sind.

» Sobald die Milchmischung im Topf den Siedepunkt erreicht hat, das Stärkewasser nach und nach zugeben. Die Hitze auf ein Minimum reduzieren und weiterrühren, bis die ersten großen Blasen entstehen. Dann weitere 5–6 Minuten sieden lassen. Wichtig ist das stetige Rühren!

» Den Topf vom Herd nehmen und leicht abkühlen lassen. Die Masse über ein Sieb in Serviergläser füllen, direkt auf der Oberfläche mit Frischhaltefolie bedecken, damit sich keine Haut bildet. Anschließend im Kühlschrank mindestens 5 Stunden, am besten über Nacht, fest werden lassen.

» Zum Servieren mit Malabi-Sirup beträufeln und mit gehackten Nüssen bestreuen. Optional zusätzlich mit frischen Beeren servieren.

TIPP

Der Malabi-Sirup hält sich in einer Flasche abgefüllt im Kühlschrank ca. 1 Monat. Es ist auch ein schönes Mitbringsel. | Für einen erfrischenden Drink etwas Sirup mit Sodawasser aufgießen, Eiswürfel dazu – fertig! | Ein Extratipp für »Lazy people« für eine schnelle Zubereitung: Anstelle von frischer Rote Bete einfach rote Grütze mit etwas Granatapfelsirup und ein paar Tropfen Rosen- oder Orangenblütenwasser mischen.

FALAFEL MATOK
SÜSSE FALAFEL

FÜR 4 PERSONEN

100 g getrocknete Kichererbsen
1 EL Zucker
1 Apfel
1 Birne
50 g Pistazienpaste (Fertigprodukt)
1 EL brauner Zucker
1 TL gemahlener Zimt
2 EL Dattelsirup
neutrales Öl zum Ausbacken

ZUM GARNIEREN
Puderzucker, frische Beeren, Pistazien, Ahornsirup, Minzblätter

» Die Kichererbsen gut mit Wasser bedecken, den Zucker einrühren und alles 12 Stunden im Kühlschrank einweichen lassen. Am nächsten Tag in ein Sieb gießen und abspülen. Im Anschluss in die Küchenmaschine oder einen Mixer geben und zu einer homogenen Masse pürieren.

» Apfel und Birne waschen, schälen, vom Kerngehäuse befreien und in grobe Stücke schneiden. Mit Pistazienpaste, braunem Zucker, Zimt und Dattelsirup zu den Kichererbsen geben und alles nochmals gründlich pürieren.

» Mit leicht angefeuchteten Händen Falafel-Bällchen formen. Ist die Masse zu trocken, noch ein wenig Wasser zugeben.

» Eine tiefe Pfanne mit Öl erhitzen und die Falafel darin ausbacken. Mit einer Schaumkelle entnehmen und auf Küchenpapier entfetten.

» Auf einem Teller anrichten und nach Belieben mit Puderzucker, Beeren, Pistazien, Ahornsirup und Minzblättern garniert servieren.

SACHLAB
MILCHGETRÄNK MIT GEWÜRZEN

FÜR 2 PERSONEN

480 ml Mandeldrink (oder anderer Pflanzendrink)
30 g Zucker (oder mehr nach Geschmack)
1 TL Vanilleextrakt
½ – 1 TL Rosenwasser (optional)
30 g Speisestärke
80 ml warmes Wasser

ZUM GARNIEREN
Kokosraspel, Sultaninen, Granatapfelkerne, Zimtstange und Minze

» In einem Topf Mandeldrink, Zucker, Vanille und optional Rosenwasser mischen. In einer kleinen Schüssel die Speisestärke und das warme Wasser mischen und anschließend zur aromatisierten Milch in den Topf geben und gut umrühren.

» Den Topf bei mittlerer Hitze auf den Herd stellen und mit einem Schneebesen ständig umrühren, bis es zu köcheln beginnt. Die Hitze reduzieren und rühren, bis die Mischung eindickt. Das dauert nur ein paar Augenblicke.

» Sofort vom Herd nehmen, in Serviergläser umfüllen, großzügig mit den Zutaten zum Garnieren toppen und heiß servieren.

TIPP
Wer mag, kann die Kokosraspel auch anrösten und zusätzlich gehackte Pistazien und gemahlenen Zimt nehmen.

ICH BIN
HUMMUSSEXUELL
Clementinen
500 2,99
Mango
2 Stück 4
FARMERS OF

AUF DEM MARKT

OZ

Über einen nahöstlichen Markt zu schlendern, ist pures Glück für alle Sinne: die Rufe der Gemüsehändler, die sich vermischenden Düfte, die Farbenpracht der Unmengen an Gewürzen, die Vielfalt an Obst und Gemüse. Dazwischen immer wieder kleine Restaurants, in denen man das beste Essen der Stadt findet! Bis heute ist ein Marktbesuch deshalb einer der Höhepunkte, wenn ich zu Besuch in meinem anderen Zuhause in Tel Aviv bin.

Schon als kleiner Junge ging ich jeden Freitag mit meiner Großmutter auf den Markt. Sie mochte es sehr, wenn ich sie zum Einkaufen begleitete und ihren Markt-Trolley für sie schob, der sich von Stand zu Stand wie von Zauberhand füllte und immer schwerer wurde. In ihrem Rhythmus ging ich neben ihr, beobachtete sie – fasziniert davon, wie sie mit Menschen umging. Und sie genoss es, die Hände frei zu haben – zur Begutachtung des Gemüses, aber auch zum Gestikulieren, während sie sprach. Wir waren eine Symbiose. Fast. Nämlich immer bis zu dem Zeitpunkt, an dem sie anfing, mit den Händlern um den 1-Euro-Beutel-Zwiebeln über Rabatt zu streiten. Einmal versuchte ich sie zurückzuhalten und bat sie darum, dies nicht zu tun. Meine Großmutter drehte sich zu mir um und flüsterte: »Wenn ich ohne Feilschen einkaufen gehen wollte, würde ich in einen Supermarkt gehen.«

Es kam nicht selten vor, dass ihre Einkäufe am Ende des Marktbesuches die Kapazitäten des Trolleys überstiegen. Ich bat sie dann darum, ein Taxi für den Rückweg zu bestellen – was ich aber sofort wieder bereute, denn sie sah mich einfach fassungslos an und sagte: »Oz, warum gab der liebe Gott uns Beine?« Selbst in solchen Momenten hatte sie die Gabe, mich mit ihren Worten zu umarmen.

לימון
ليمون
LEMON

JALIL

Der Markt in Ramla (»Shuk« auf Hebräisch) mit seinen Hunderten von Händlern war für mich die beste Schule des Lebens! Ich bin auf diesem Markt aufgewachsen. Schon als kleines Kind setzte mein Vater mich auf seine breiten Schultern und trug mich zwischen den Massen von Menschen und durch die vielen kleinen Gänge, die für mich voller spannender Abenteuer und Geschichten waren.

Mein Vater wurde von allen Händlern geliebt. Sobald wir die Marktstraße betraten, hörte man immer »Ya Samir! Komm und sieh dir an, welches Öl ich aus Ramla mitgebracht habe!« Und: »Hey Samir, komm und sieh dir die Tomaten an, die gerade eingetroffen sind!« Von allem, was er probieren durfte, gab er auch mir immer ein Stück ab. Jedes Obst und Gemüse behandelte er mit viel Hochachtung und ich liebte es, ihm dabei zuzuhören, wie er sich mit den Händlern darüber austauschte. Seine Worte waren für mich schöner als jedes Märchen: »Bei diesen kleinen, saftigen Tomaten hast du das Gefühl von Honig im Mund, wenn du die Augen schließt!« Und: »Eine Karotte macht dich satt, denn du schmeckst sowohl die Süße als auch einen leichten Hauch von Erde. Schau dir den Stiel an, Jalil, und sieh, wie grün und gerade er ist – einfach perfekt!«

Wenn mein Vater mit dem Besuch aller Stände fertig war und zufrieden an einer Tasse dampfendem schwarzem Kaffee nippte, sagte er: »Jalil, der Shuk ist eine Universität des Lebens. Aber hier ist das Lernen kostenlos – du musst nur dein Herz mitbringen.«

Mein Vater ist heute nicht mehr da. Aber bei jedem Schritt über den Markt mit meinem kleinen Sohn auf den Schultern fühle ich ihn.

FÜNFTE LEKTION:
EINE LEKTION IN SACHEN »GESCHÄFTE«

HALAYON BALADI
WILDER SPARGEL

JALIL: *Für meinen Vater gab es einen ganz besonderen, heiligen Feiertag: der Tag, an dem es wieder den ersten wilden Spargel auf dem Markt gab! Voller Aufregung, brachte er immer einen extragroßen Beutel voll davon nach Hause und rief meiner Mutter schon vom Hof aus zu: »Suhd, meine geliebte Frau, er ist da! Mach mir bitte mein Lieblingsfrühstück!« Dann saß er mit uns am Tisch, seine Augen leuchteten und er wirkte keinen Tag älter als eines seiner Kinder! Immer wenn ich das folgende Gericht zubereite, sehe ich dieses Bild vor mir, das ich für immer in meinem Herzen trage.*

FÜR 4 PERSONEN

4–6 Stangen grüner Spargel pro Person
neutrales Öl zum Braten
1 pochiertes Ei pro Person (siehe Seite 25)
1 Handvoll Pekannüsse
8 EL Tahini
Salz
frisch gemahlener schwarzer Pfeffer

» Die eventuell etwas holzigen Enden des Spargels schälen bzw. abschneiden. Einen großen Topf Wasser auf den Herd stellen und zum Kochen bringen. Den Spargel darin in 8–10 Minuten bissfest garen. Mit einem Schaumlöffel entnehmen, abtropfen lassen und in einer heißen Pfanne in etwas Öl anbraten, bis sich Röstspuren zeigen.

» In der Zwischenzeit die Eier nach der Anleitung auf Seite 25 pochieren und die Pekannüsse in einer Pfanne ohne Fett anrösten, bis sie zu duften beginnen.

» Zum Anrichten je ca. 2 EL Tahini auf einem Teller verstreichen. Darauf 4–6 Spargelstangen legen und je 1 pochiertes Ei daraufsetzen. Mit Salz und ein paar Umdrehungen aus der Pfeffermühle würzen. Die Pekannüsse darauf verteilen und direkt servieren.

TIPP

Das Gericht funktioniert auch gut mit weißem Spargel.

BRIK
GEFÜLLTES GEBÄCK MIT EI UND BLATTSPINAT

OZ: *Teigtaschen gehen immer. Eines der beliebtesten Streetfood-Gerichte in Israel ist Brik – knusprige Hülle trifft Spinat und Ei. Während des Bratens geschieht etwas Magisches: Das Eiweiß im Ei gart vollständig, während das Eigelb flüssig bleibt und beim Hineinbeißen vor Geschmack nur so strotzt!*

FÜR 4 STÜCK

1 Knoblauchzehe
400 g Blattspinat
2 Frühlingszwiebeln
1 kleine Handvoll Petersilienblätter
4 Blätter Brik-Teig (alternativ geht auch Filo- oder Yufka-Teig)
4 Eier
Salz
frisch gemahlener schwarzer Pfeffer
neutrales Öl zum Frittieren
Za'atar (nordafrikanische Gewürzmischung) zum Bestreuen

» Die Knoblauchzehe schälen und hacken, den Spinat waschen. Beides in einen Topf geben und mit wenig Wasser dünsten. Sobald der Spinat zusammengefallen ist, den Topf vom Herd nehmen und leicht abkühlen lassen.

» Währenddessen die Frühlingszwiebeln waschen, putzen und in dünne Ringe schneiden. Die Petersilie waschen und grob hacken. Zuvor ein Petersilienblatt zum Testen der Temperatur zur Seite legen. Zwiebeln und Petersilie unter den Spinat rühren.

» Die Teigblätter auf einer sauberen Arbeitsfläche ausbreiten. Jeweils ein Viertel der Füllung auf die obere Hälfte des Teigblattes setzen und mit einem Löffel eine Mulde hineindrücken. Danach jeweils 1 Ei hineinschlagen und mit Salz und Pfeffer würzen. Dann die Teigblätter diagonal einschlagen und andrücken, sodass eine Dreiecksform entsteht und Füllung sowie Ei vollständig eingeschlossen sind.

» Reichlich Öl in einer tiefen Pfanne auf mittlere Temperatur erhitzen. Mit dem vorher zur Seite gelegten Petersilienblatt prüfen, ob es heiß genug ist: Es sollte knistern, wenn man das Blatt hineingibt. Dann die Teigdreiecke vorsichtig in das heiße Öl legen und je ca. 1½ Minuten von jeder Seite frittieren, bis sie golden sind und glänzen.

» Die fertigen Brik mit einem Schaumlöffel aus dem Öl nehmen, kurz auf Küchenpapier abtropfen lassen und dann direkt heiß mit Za'atar bestreut servieren.

TIPP

Dazu passen Salzzitronen (siehe Seite 119) und ein frischer Salat, zum Beispiel aus Tomaten, Paprika und Zwiebeln.

ABAITICH AL HA SAKIN
WASSERMELONENSALAT

JALIL: *Mein Vater Samir liebte Wassermelonen! Manchmal kaufte er auf dem Markt so viele ein, dass wir sie sogar unter den Betten verstauen mussten. Eine meiner schönsten Erinnerungen ist die, wenn meine Familie um den Tisch versammelt war und mein Vater eine Wassermelone aufschnitt. Die süße, saftige Frucht war immer ein großer Genuss, aber Samir verfeinerte ihren Geschmack noch. Er beträufelte die Melonenstücke mit etwas Olivenöl und würzte sie mit Za'atar. Dazu gab es Weißkäse und Fladenbrot und ein Extraschälchen mit einem Gemisch aus Olivenöl und Za'atar, in das wir das Brot tunkten! Die Art und Weise, wie mein Vater jeden Bissen genoss und die Aromen auskostete, erinnert mich bis heute daran, die einfachen Dinge des Lebens zu genießen – wie ein Stück Wassermelone an einem heißen Sommertag.*

FÜR 4 PERSONEN ALS BEILAGE

1 kleine Wassermelone
4 Kirschtomaten
1 Tomate
ca. 300 g Feta
Olivenöl zum Beträufeln
2 EL Za'atar (nordafrikanische Gewürzmischung)
1 Handvoll Minzblätter

» Die Wassermelone halbieren und mit einem Eisportionierer kleine Kugeln herauslösen; Kerne entfernen. Die Kirschtomaten waschen und halbieren. Die Tomate waschen, vom Stielansatz befreien und vierteln. Den Feta in Scheiben schneiden oder würfeln.

» Zum Servieren Wassermelone, Tomaten und Käse auf einem Teller anrichten, mit etwas Olivenöl beträufeln und mit Za'atar bestreuen. Mit Minzblättern garnieren.

CHIPS BAMYA
OKRACHIPS MIT MANGO- UND ROTE-BETE-DIP

JALIL: *Ich bin mit dem Geschmack von Okraschoten aufgewachsen. Meine Mutter hat sie meist gebraten und mit Tomaten und Gewürzen kombiniert, sodass das ganze Haus mit dem köstlichen Aroma erfüllt war. Als kleines Kind habe ich zuerst nur die Tomatensauce gegessen und die Okras nicht angerührt. Meine Mutter drückte oft ihre Enttäuschung darüber aus, aber mein Vater versicherte ihr, dass ich mich irgendwann daran gewöhnen würde. Und es kam, wie mein Vater vorausgesagt hatte: Als ich älter wurde, begann ich selbst, mit verschiedenen Okra-Rezepten zu experimentieren. Hier ist eines meiner liebsten: Okraschoten, als knusprige »Chips« zusammen mit cremigen Dips. Köstlich!*

FÜR 4 PERSONEN

500g grüne gefrorene Bamya (Okraschoten)
3 Knoblauchzehen
Olivenöl zum Ausbacken
¼ TL gemahlener Piment
¼ TL gemahlener Kreuzkümmel

FÜR MANGO- UND ROTE-BETE-DIP
250g Tahini
Saft von 1 Zitrone
2 TL Salz
2 EL Amba-Sauce (siehe Tipp S. 25)
1 kleine Rote-Bete-Knolle, gekocht
1 TL Silan (Dattelhonig)

» Einen Topf Wasser erhitzen. Sobald das Wasser zu kochen beginnt, vom Herd nehmen. In der Zwischenzeit die Okraschoten waschen und 1 Minute im heißen Wasser einweichen. Mit einem Schaumlöffel herausnehmen und auf Küchenpapier abtropfen lassen.

» Den Knoblauch schälen. Reichlich Öl in einer Pfanne erhitzen und die Okraschoten zusammen mit den Knoblauchzehen ein paar Minuten darin leicht knusprig frittieren. Wichtig ist dabei die richtige Temperatur des Öls – am besten den Stiel eines Holzkochlöffels bis zum Topfboden in das erhitzte Öl stecken: Wenn es sofort Bläschen wirft, ist es heiß genug. Piment und Kreuzkümmel zugeben und gut vermischen.

» Für den Dip das Tahini mit Zitronensaft und Salz in eine Schüssel geben und mit kaltem Wasser verrühren, bis die gewünschte Konsistenz erreicht ist.

» Die Tahini-Sauce auf zwei Schüsseln verteilen. Unter eine Hälfte die Amba-Sauce rühren. Für die zweite Schüssel die gekochte Rote Bete pürieren und mit dem Dattelhonig unter das Tahini rühren.

» Zum Servieren die Okrachips mit den Dip-Varianten reichen.

SHOMAR YE YOUGORT
FENCHEL MIT JOGHURT

FÜR 2 PERSONEN

2 Fenchelknollen
2 EL Olivenöl
½ TL feines Salz
1 TL grobes Meersalz
1 scharfe rote Paprikaschote
200 g Ziegenjoghurt
Saft von ½ Zitrone

» Den Backofen auf 180 °C vorheizen. Die Fenchelknollen waschen, putzen und halbieren oder vierteln. Auf ein mit Backpapier belegtes Blech geben, dann Olivenöl und Salz gut mit den Händen einmassieren. Das grobe Meersalz darüberstreuen. Im Anschluss ca. 25 Minuten im Ofen backen oder bis die Fenchelhälften braun werden.

» In der Zwischenzeit die Paprika waschen, halbieren, von Samen und Scheidewänden befreien und in feine Streifen schneiden oder hacken.

» Den Fenchel aus dem Ofen nehmen, kurz abkühlen lassen und mit einem Klecks Ziegenjoghurt und der Paprika garnieren. Mit etwas Zitronensaft beträufeln und sofort servieren. Alternativ frische Zitronenspalten dazu reichen.

BURREKAS
ISRAELISCHE GEFÜLLTE TEIGTASCHEN

JALIL: *Am liebsten esse ich diese knusprigen Teigtaschen direkt auf dem Ramla-Markt – dort gibt es für mich die perfekte Version, die mit jedem Gourmetgericht mithalten kann! Sie werden immer vor Ort zubereitet und direkt am Stand verspeist. Wenn man sie mitnehmen mag, werden sie nach Gewicht verpackt. Der Umgang mit Blätterteig ist nicht ganz einfach, aber ich versichere euch, mit diesem Rezept gelingt es auch zu Hause. Der Trick besteht darin, dem Teig etwas Essig hinzuzufügen, um ihm mehr Elastizität zu verleihen, und sich beim Zubereiten Zeit zu lassen.*

FÜR CA. 6 STÜCK

3 Rollen Blätterteig (à 275 g)

FÜR DIE MANGOLD-KÄSE-FÜLLUNG
1 kleine Lauchstange
500 g Mangold
200 g Feta
2 Eier
Salz
frisch gemahlener schwarzer Pfeffer
helle Sesamsamen

AUSSERDEM
etwas Öl für das Backblech

DAZU PASST NACH BELIEBEN
eingelegte Zitronenscheiben (siehe Seite 119), eingelegtes Gemüse (siehe Seite 116), Zhoug (siehe Seite 115), Tahini-Joghurt-Dip, gebratene Auberginen und Tomaten

» Für die Füllung den Lauch waschen, putzen und in dünne Scheiben schneiden. Den Mangold waschen, die weißen von den dunklen Teilen trennen (siehe Tipp) und die dunklen Blätter hacken. Den Feta zerbröseln und in einer Schüssel mit Lauch, Mangold und 1 Ei gut vermischen. Mit Salz und Pfeffer abschmecken.

» Den Backofen auf 180 °C vorheizen. Den Blätterteig entrollen und mit einem kleinen Teller (ø ca. 16 cm) Kreise ausstechen. Von der Füllung ca. 2 EL auf eine Hälfte des Kreises geben, die andere Hälfte darüberklappen und die Seiten fest zusammendrücken.

» Die Teigtaschen auf ein mit Öl gefettetes und mit Backpapier belegtes Blech geben.

» Das zweite Ei aufschlagen, verquirlen und die Teigtaschen damit bepinseln. Mit Sesamsamen bestreuen und in ca. 20 Minuten goldbraun und knusprig backen.

» Nach Belieben eingelegte Zitronen, eingelegtes Gemüse, Zhoug, Tahini-Joghurt-Dip und gebratene Auberginen und Tomaten dazu servieren.

TIPP

Die weißen Teile des Mangolds entweder anderweitig verwenden oder in mundgerechte Stücke schneiden, kurz blanchieren und mit einem Dressing aus Olivenöl, Zitronensaft und etwas Salz einen einfachen Salat daraus zubereiten.

KARPACIO SHAMANDAR
ROTE-BETE-SALAT

FÜR 4 PERSONEN

4 mittelgroße Rote Beten
50 g Pinienkerne
½ TL grobes Salz
½ TL frisch gemahlener schwarzer Pfeffer
8 EL Olivenöl
3 TL Granatapfelsirup
1 EL Silan (Dattelhonig)
200 g Feta
Saft von ½ Orange
4 TL Za'atar (nordafrikanische Gewürzmischung)

» In einem Topf Wasser zum Kochen bringen. Die Rote-Bete-Knollen mit der Schale hineingeben und ca. 20 Minuten kochen. Mit einem Messer einstechen – wenn es leicht hineingleitet, sind sie gar. Mit einem Schaumlöffel herausnehmen, abtropfen und etwas abkühlen lassen.

» Die Pinienkerne in einer Pfanne ohne Fett rösten, bis sie zu duften beginnen.

» Die Knollen schälen und in möglichst dünne Scheiben schneiden. Auf einer großen Servierplatte oder Tellern überlappend anrichten und mit Salz und Pfeffer würzen.

» Mit Olivenöl, Granatapfelsirup und Silan beträufeln und die gerösteten Pinienkerne darüberstreuen.

» Den Feta gleichmäßig darüberbröseln oder reiben, den Orangensaft darübergeben und mit Za'atar bestreut servieren.

KANAAN ZHOUG
SCHARFE GRÜNE GEWÜRZPASTE

OZ UND JALIL: *Zhoug ist eine beliebte Würzpaste im Nahen Osten, insbesondere in Israel, Palästina und den Levante-Regionen. Diese würzige Paste ist dort an fast jedem Straßenstand und Esstisch zu finden. Sie verleiht Gerichten wie Falafel und Schawarma einen einzigartigen Kick. Das Rezept für Zhoug kann zwar variieren, aber eines ist sicher: Zhoug ist immer scharf! Manche sagen, dass es das Geheimnis des feurigen Geistes des Mittelmeers ist, und daher ist es auch nicht ungewöhnlich, dass die Menschen in Israel und Palästina ihre Speisen großzügig mit der feurigen Paste übergießen.*

FÜR 2 GLÄSER À CA. 300 ML

250 g scharfe grüne Chilischoten
50 g scharfe rote Chilischoten
150 g frische Petersilie
150 g frischer Koriander
5 Knoblauchzehen
1 gestrichener TL Salz
1 gestrichener TL Kreuzkümmel
½ TL gemahlener Kardamom
25 ml Apfelessig
3 EL Olivenöl

» Die Chilis waschen, halbieren, von Samen und Scheidewänden befreien (oder belassen für richtig viel Schärfe!) und in Viertel schneiden. Die Kräuter waschen und abtrocknen. Den Knoblauch schälen.

» Mit den restlichen Zutaten in einen Mixer geben und – je nach gewünschter Konsistenz – zu einer homogenen Masse pürieren. In ein heiß ausgespültes Schraubglas füllen und bis zu 1 Monat im Kühlschrank aufbewahren. Für eine noch bessere Haltbarkeit die Oberfläche nach jeder Entnahme wieder mit etwas Olivenöl begießen.

CHAMOTSI KANAAN
EINGELEGTES GEMÜSE

OZ UND JALIL: *Eingelegtes Gemüse findet man überall auf der Welt! Die Basis ist ähnlich, aber durch die Zugabe von Gewürzen hat jedes seine ganz eigene Note. Sie sind ein wunderbarer Begleiter zu vielen Gerichten, aber sie eignen sich auch toll als Snack zu Brot oder einem frischen Salat. Wir haben hier ein Rezept kreiert, das Aromen aus der marokkanischen, deutschen und palästinensischen Küche kombiniert.*

FÜR CA. 3 GLÄSER À 1 LITER

Gemüse nach Belieben (insgesamt ca. 2 kg) zum Beispiel:
Blumenkohl
Weißkohl
Karotten
türkische Paprikaschoten
scharfe grüne Paprikaschote (nach Geschmack)
Einlegegurken (optional)
Zucchini (optional)

FÜR DIE LAKE
800 ml Weinessig
1 l Wasser
200 ml Zitronensaft
1 EL gemahlene Kurkuma
1½ TL Salz
1½ EL Amba-Gewürz (Gewürzmischung zum Einmachen)

» Das Gemüse waschen, putzen und in mundgerechte Stücke schneiden.

» In einem großen Topf alle Zutaten für die Lake vermischen und zum Kochen bringen.

» Das vorbereitete Gemüse zugeben und ca. 10 Minuten darin köcheln lassen, das Gemüse sollte noch eine bissfeste Konsistenz haben. Anschließend abkühlen lassen.

» Das Gemüse in ein heiß ausgespültes Glas geben und mit der Lake übergießen. Vor dem Verzehr ca. 3 Tage stehen lassen.

TIPP
Kühl und dunkel gelagert, ist das gepickelte Gemüse mindestens 3 Monate haltbar.

LAMON MACBOS
EINGELEGTE ZITRONEN

Salzzitronen sind eine uralte Methode der Konservierung und Haltbarmachung. Die eingelegten Zitronen verfeinern mit ihrem intensiven Aroma alle Gerichte, zu denen Zitronengeschmack harmoniert.

FÜR 2 GLÄSER À 580 ML
5 Bio-Zitronen
1 TL Chilipulver
1 TL Paprikapulver (edelsüß) plus mehr für die Deckel
2 Knoblauchzehen
3–4 EL Salz
2 EL Zucker
ca. 110 ml Zitronensaft
Olivenöl

» Die Einmachgläser mit heißem Wasser ausspülen. Die Zitronen gründlich waschen, in dünne Scheiben schneiden und die Kerne entfernen. Auf beiden Seiten mit Chili- und Paprikapulver bestreuen. Den Knoblauch schälen und in Scheiben schneiden.

» Salz und Zucker vermischen, mit einem Teil davon den Boden der Gläser bedecken.

» Die Zitronen in den Einmachgläsern übereinanderschichten. Dabei immer wieder mit der restlichen Zucker-Salz-Mischung bestreuen. Dazwischen die Knoblauchscheiben platzieren. Jede Schicht ein wenig zusammendrücken, sodass der Saft ausgepresst wird. Der Saft steigt auf und bedeckt die Zitronen so zum Schluss fast vollständig.

» Zum Schluss den Zitronensaft eingießen und den Rest des Glases mit heißem Wasser auffüllen.

» Etwas Olivenöl mit Paprikapulver vermischen und die Deckel der Gläser mit der Mischung bestreichen. Anschließend gut verschließen.

» Nach 1–2 Tagen das Glas ein wenig schütteln, ohne es zu öffnen. Nach 4 Tagen sind die Zitronen bereit zum Genießen. Gut halten sie sich 3–4 Monate. Dabei geht der Fermentierungsprozess weiter und sie werden immer aromatischer.

ICH BIN
HUMMUSSEXUELL
ICH BIN
HUMMUSSEXUELL

KNOBLAUCH-OLIVEN-CONFIT

FÜR 1 EINMACHGLAS À 580 ML

500 g frische Oliven (verschiedene Sorten)
1 Knoblauchknolle
Olivenöl zum Aufgießen
7–8 Stängel Thymian
6–8 kleine rote Chilischoten (nach Geschmack)
1 gestrichener TL grobes Salz
¼ gestrichener TL frisch gemahlener schwarzer Pfeffer

» Den Backofen auf 180 °C vorheizen. Die Oliven waschen, entsteinen und in eine ofenfeste Form geben. Die Knoblauchknolle ebenfalls hineingeben und mit Olivenöl aufgießen, bis alle Oliven bedeckt sind. Dann Thymian und Chilischote zugeben und alles mit Salz und Pfeffer würzen.

» Die Form in den Ofen schieben und ca. 1 Stunde backen, bis die Oliven weich sind. Herausnehmen und abkühlen lassen und anschließend in ein heiß ausgespültes Einmachglas umfüllen. Bei Raumtemperatur, ohne direkte Sonneneinwirkung gelagert, ist das Confit mindestens 3 Monate haltbar.

KONFIERTER KNOBLAUCH

FÜR 1 EINMACHGLAS À 290 ML

4 Knoblauchknollen
Olivenöl

» Den Knoblauch schälen und gut waschen. In eine Pfanne geben und mit Olivenöl bedecken.

» Bei mittlerer Hitze zum Köcheln bringen, dann die Temperatur reduzieren und garen, bis die Zehen leicht bräunlich und sehr weich sind.

» Öl und Knoblauch in ein heiß ausgespültes Glas mit Schraubdeckel geben, abkühlen lassen und im Kühlschrank lagern. Hält sich mindestens 7 Tage.

KADORI LABANE
JOGHURTKÄSEBÄLLCHEN

FÜR 4–6 PERSONEN

1 l Ziegenjoghurt (am besten mindestens 6–7 % Fettgehalt)
1 TL Salz
Saft von 1 Zitrone (optional)

ZUM UMMANTELN
Za'atar (nordafrikanische Gewürzmischung)
getrocknete Kräuter
schwarze Sesamsamen
Olivenöl zum Aufbewahren

ZUM SERVIEREN
eingelegte Zitrone (siehe Seite 119)

AUSSERDEM
1 Seihtuch (alternativ ein großer Kaffeefilter)
1 Einmachglas

» Das Seihtuch oder den Kaffeefilter in eine Schüssel legen. Den Ziegenjoghurt hineingeben und mit Salz bestreuen. Optional den Zitronensaft zugeben. Gut umrühren, damit Salz und Zitronensaft sich gleichmäßig verteilen.

» Das Seihtuch oder den Kaffeefilter aus der Schüssel nehmen, den oberen Teil zusammennehmen, mit einer Schnur fest zubinden und an einem kühlen Ort (im Sommer am besten im Kühlschrank) aufhängen, sodass die Flüssigkeit abtropfen kann. Eine Schüssel darunterstellen und mindestens 24 Stunden hängen lassen. Je länger der Joghurt hängt, desto dicker wird seine Konsistenz. Achtung: Die Schüssel muss, wenn nötig, zwischendurch geleert werden. Alternativ kann man das Seihtuch auch am Wasserhahn über dem Spülbecken aufhängen.

» Im Anschluss die Joghurtmasse aus dem Seihtuch in eine trockene Schüssel geben.

» Za'atar, die Kräutermischung und den Sesam auf drei Teller verteilen. Mit den Händen aus der Masse Kugeln formen, währenddessen die Hände immer wieder mit etwas Olivenöl benetzen, damit es nicht zu stark klebt. Die Kugeln nach dem Formen in Za'atar, Kräutermischung oder Sesam rollen und in ein heiß ausgespültes Einmachglas geben. Sobald alles verarbeitet ist, das Glas bis zum Rand mit Olivenöl auffüllen und nach jeder Entnahme wieder Öl nachfüllen. Im Kühlschrank aufbewahrt, sind die Bällchen mindestens 1 Monat haltbar.

» Man kann wunderbar eingelegte Zitronen zu den Bällchen servieren.

TIPP
Wer es gerne scharf mag, gibt zusätzlich Chili- oder scharfe Paprikaringe mit ins Glas.

BLOODY MARY KANAAN-STYLE

FÜR 4 GLÄSER

50 ml Wodka
Eiswürfel
120 ml passierte Tomaten
30 ml Wasser
30 ml Zitronensaft
Salz und frisch gemahlener schwarzer Pfeffer nach Geschmack
½ TL geräuchertes Paprikapulver
4 TL Zuckersirup

ZUM SERVIEREN
4 Selleriestangen mit Grün
4 Scheiben Bio-Zitrone oder -Limette
Chilifäden

» Den Wodka in ein hohes, mit Eiswürfeln gefülltes Glas geben. In einem Shaker passierte Tomaten, Wasser und Zitronensaft vermischen und mit Salz, Pfeffer, Paprikapulver und Zuckersirup würzen. Dann die Mischung in das Glas gießen und gut verrühren.

» Die Selleriestangen waschen, putzen und eine in jedes Glas stecken. Die Cocktails mit Zitronenscheibe und Chilifäden garniert gekühlt servieren.

TIPP

Für den Zuckersirup 2 Tassen Zucker und 1 Tasse Wasser in einer tiefen, beschichteten Pfanne gut verrühren und auf mittlerer Hitze 6–7 Minuten köcheln lassen, dabei gelegentlich umrühren. Mit einem Sieb abseihen. Den Zuckersirup vollständig abkühlen lassen, in einem luftdichten Behälter aufbewahren und nach Bedarf verwenden.

FÜRS FEST

OZ

Die Wochen vor einem großen Familienereignis wie einer Hochzeit bringen immer vielfältige Emotionen mit sich. Ich erinnere mich sehr gut an die Vorbereitungen zur Hochzeit meines Onkels Yoram, dem Bruder meiner Mutter. In der Woche vor der Hochzeit arbeiteten meine Mutter, meine Tanten und Großmütter unermüdlich in der Küche und bereiteten sich auf den großen Tag vor. Meine Großmutter war die selbst ernannte Leiterin der Gruppe. Sie kritisierte die Arbeit ihrer Schwiegertöchter und der Nachbarn und erstellte einen detaillierten Bericht über die Beiträge aller.

Als Enkelkind wurde ich beauftragt, bei den Hochzeitsvorbereitungen zu helfen. Mein Cousin und ich teilten uns eine Matratze, und die Sofakissen wurden zu einem anderen provisorischen Bett kombiniert. Unser Zeitplan war streng: Um sechs Uhr morgens aufstehen, um Säcke mit Erbsen und Hülsenfrüchten zu sortieren. Wer auch immer seinen zugewiesenen Haufen zuerst fertig hatte, durfte Gewürze mörsern, während der Verlierer Artischockenblätter reinigen musste – eine mühselige Arbeit! Nach dem Mittagessen um zwölf Uhr konnten wir uns ausruhen und im Hof spielen. Mein Cousin und ich pflückten weiße Blumen von den Büschen im Garten und flochten sie zu Halsketten für unsere Mütter.

SECHSTE LEKTION: **LIEBE**

JALIL

Trotz all der Aufregung und Vorfreude rund um die Hochzeit meiner Schwester war da auch immer ein gewisser Druck, sein Bestes zu geben und alles perfekt zu machen. Die Tanten und die Mutter sangen jedes Mal, wenn meine Schwester in den drei Wochen vor dem Fest die Küche betrat. Jeden Abend kamen viele Menschen, um zu feiern, und die Tanten verbrachten Stunden damit, Pasteten und süße Kekse zuzubereiten. Die älteste Tante saß auf einem Hocker im Hof neben dem riesigen Kamin und untersuchte jeden Keks, bevor er in den Ofen kam. Sie wusste genau, wer jeden einzelnen hergestellt hatte, und sie flüsterte mir die Namen zu, wenn sie Tablett für Tablett mit Keksen zurückbrachte, die nicht ganz ihren Standards genügten.

Trotz gelegentlicher kleiner Dramen waren die Liebe und Aufregung rund um die Hochzeiten spürbar, und ich werde mich immer an die besondere Verbindung erinnern, die meine Familie während dieser Wochen der Vorbereitungen teilte.

djoon
djoon

HAKROV HALAVAN
WEISSKOHLSALAT

OZ: *Krautsalat ist ein vielseitiges Gericht, das in zahlreichen Varianten auf der ganzen Welt zu finden ist, von China bis Amerika. Jede Region hat ihre eigene einzigartige Version mit unterschiedlichen Zutaten und Geschmacksrichtungen. Jalil und ich haben viel experimentiert und unser eigenes Rezept kreiert. Es ist eine Kombination aus dem traditionellen israelischen Krautsalat mit lokalen palästinensischen Zutaten. Zudem haben wir einige Geschmacksrichtungen hinzugefügt, die in Deutschland besonders beliebt sind, um ein wirklich einzigartiges und köstliches Gericht zu kreieren. Ganz gleich, ob man eine leichte und erfrischende Beilage oder ein herzhaftes und sättigendes Hauptgericht möchte, unser Krautsalat-Rezept passt wunderbar.*

FÜR 4 PERSONEN

1 kleiner Weißkohl oder ½ großer Weißkohl (insgesamt 500g)
3 EL Zitronensaft
1 EL Olivenöl
1 EL Silan (Dattelhonig)
½ TL Salz
1 TL Sumach

ZUM GARNIEREN
Dill, Kürbiskerne, Walnüsse, Granatapfelkerne

» Den Kohl waschen, der Länge nach in dünne Scheiben schneiden und kurz in Wasser einweichen. Dann abtropfen lassen und in eine Schüssel geben.

» Mit Zitronensaft und Olivenöl beträufeln und mit Silan, Salz und Sumach würzen.

» Vor dem Servieren mindestens 4 Stunden, besser über Nacht, im Kühlschrank durchziehen lassen, damit sich die Aromen gut verbinden können.

» Den Dill waschen, abtrocknen und hacken. Den Salat mit Kürbiskernen und gehackten Walnüssen, Granatapfelkernen und Dill bestreut servieren.

BERLINALE TABOULÉ
MIT FRÜCHTEN

JALIL: *Einer der wichtigsten und symbolträchtigsten Salate in der palästinensischen Kultur ist Taboulé. Einen besonderen Stellenwert hat er auch am Hochzeitstag, wenn die Familie der Braut den Salat auf noch heißem Fladenbrot serviert, mit Käse, Joghurt und Olivenöl beträufelt! Unser Taboulé-Rezept hat noch eine einzigartige europäische Note: Wir verwenden einheimische Beeren aus Brandenburg, um dem Gericht eine schöne Säure zu verleihen. Dazu kommt noch Avocado, eine beliebte Zutat in der israelischen Frühstücksküche.*

FÜR 4 PERSONEN

250 g feiner Bulgur
4 EL gehackte glatte Petersilie (oder nach Belieben)
2 EL gehackte Minze (oder nach Belieben)
100 g gemischte Beeren (z. B. Brombeeren, Erdbeeren, Himbeeren)
1 mittelgroße Avocado
4 EL Olivenöl plus mehr zum Beträufeln
1 gestrichener TL Salz
Saft von ½ Zitrone
2 EL Granatapfelkerne
1 EL Granatapfelsirup

» Den Bulgur in eine Schüssel geben und nach Packungsangabe mit heißem Wasser übergießen und quellen lassen.

» In der Zwischenzeit die Kräuter waschen, die Blätter abzupfen und abtrocknen, dann möglichst fein hacken. Die Beeren verlesen, waschen und trocknen. Die Avocado halbieren, den Kern entfernen und das Avocadofleisch in Würfel schneiden.

» Den gequollenen Bulgur mit Petersilie und Minze vermischen, dann Olivenöl, Salz und Zitronensaft unterrühren. Die Hälfte der gemischten Beeren zugeben und vorsichtig vermengen.

» Zum Servieren die Bulgur-Mischung auf eine Servierplatte geben und mit den restlichen Beeren bestreuen. Die Avocadowürfel darüber verteilen. Mit Granatapfelkernen bestreuen und mit Olivenöl und Granatapfelsirup beträufeln.

MAFTOUL
TRADITIONELLES COUSCOUS AUS PALÄSTINA

FÜR 4–6 PERSONEN

1 Zwiebel
1 Zucchini
1 Karotte
8 EL Rapsöl
400 g Maftoul
1 gestrichener TL Salz
frisch gemahlener schwarzer Pfeffer
1 TL gemahlene Kurkuma
1 TL gemahlener Kreuzkümmel
200 ml kochendes Wasser
200 ml warme Gemüsebrühe
100 g Kichererbsen (aus der Dose oder frisch gekocht, siehe Seite 23)

ZUM GARNIEREN
goldbraun gebratene Zwiebelstreifen und geröstete rote Chilischoten (optional)

» Die Zwiebel schälen und in Würfel schneiden. Die Zucchini waschen und ebenfalls würfeln. Die Karotte waschen und raspeln.

» Das Öl in einem Topf erhitzen, die Zwiebel darin goldgelb anbraten, dann die Karottenraspel zugeben. Das Maftoul einstreuen und unter Rühren leicht anbraten.

» Zucchini und Gewürze zugeben und leicht verrühren, sofort mit dem kochenden Wasser aufgießen und auch die Brühe angießen. Etwa 6 Minuten köcheln lassen und, sobald das Wasser komplett aufgesogen wurde, den Herd ausschalten.

» Die Kichererbsen zugeben, umrühren und den Topf abdecken. Nach ca. 10 Minuten nochmals umrühren und überprüfen, ob Maftoul und Kichererbsen gar sind. Wenn nötig, noch etwas heißes Wasser nachgießen und noch ein paar Minuten stehen lassen. Es sollte aber nicht verkochen und alles noch bissfest sein.

» Optional mit Zwiebelstreifen und Chilischoten garnieren und am besten warm servieren. Es schmeckt aber auch kalt.

TIPP

Maftoul ist der traditionelle palästinensische Name für Couscous, das traditionell von Hand hergestellt wird. Es besteht aus Weizenvollkornmehl, Bulgur und Salz, die vermengt und durch feiner werdende Siebe gedrückt werden, bis die typische Kugelform entsteht. Es steht wunderbar für sich alleine, aber anstelle von Reis eignet es sich auch hervorragend als Beilage zu Auberginengerichten.

WARAK DAWALI
GEFÜLLTE WEINBLÄTTER

JALIL: *Als Kind habe ich meine Mutter oft dabei beobachtet, wie sie in unserem Garten Unmengen von Weinblättern abzupfte, sich danach hinsetzte und sie sorgfältig säuberte. Mit sanfter Hand rollte sie jedes einzelne Blatt zwischen ihren Fingern und entfernte vorsichtig alle Unvollkommenheiten. Weinblätter waren in unserem Haushalt ein Grundnahrungsmittel, aber am liebsten mochte ich die gefüllten Weinblätter! Das Aroma der Kräuter und Gewürze, die sich mit den zarten Blättern vermischten – ein beruhigender und vertrauter Duft. Das gilt bis heute. Jeder Bissen erinnert mich an die Wärme und Liebe, die es bei uns zu Hause gab.*

FÜR 4 PERSONEN ALS BEILAGE

120 g Rundkornreis
1 TL Olivenöl
50 g geröstete geschälte Mandeln
25 g geröstete Pinienkerne
½ TL Salz
½ TL gemahlener Piment
¼ TL frisch geriebene Muskatnuss
1 Tomate (optional)
1 Bio-Zitrone
1 kleines Glas mit eingelegten Weinblättern (ca. 200 g Abtropfgewicht)
3 geröstete Paprikaschoten (siehe Seite 85)
250 ml Wasser

AUSSERDEM
4 kleine Auflaufformen (à ca. 250 ml)

» Den Reis in einem Sieb unter laufendem Wasser waschen, bis das Wasser klar bleibt; etwas abtropfen lassen. Das Olivenöl in einem Topf erhitzen, Mandeln, Pinienkerne und Gewürze kurz darin anrösten. Dann den Reis zugeben und kurz durchschwenken. Optional 1 Tomate waschen, hacken und mit in die Pfanne geben. Die Mischung vom Herd nehmen und beiseitestellen.

» Die Zitrone waschen und in 4 Scheiben schneiden. Je 1 Scheibe auf den Boden der Förmchen legen. Die Weinblätter aus dem Glas nehmen, auf der Arbeitsfläche ausbreiten und mit Küchenpapier trocken tupfen. Die Förmchen überlappend damit auskleiden und etwas andrücken; die Enden der Weinblätter sollten über die Förmchen hinausragen, damit sie später über der Füllung zusammengeklappt werden können.

» Den Backofen auf 180 °C vorheizen. Den Reis in die mit Weinblättern ausgekleideten Förmchen geben, diese aber nur bis zur Hälfte füllen, da der Reis sein Volumen beim Garen verdoppelt. Die Paprikaschoten hacken und auf den Reis legen. Die überlappenden Weinblätter darüberklappen, sodass alles gut bedeckt ist. Eventuell dafür noch ein zusätzliches Weinblatt nehmen. Das Wasser vorsichtig an den Seiten in die Förmchen gießen. Auf ein Backblech stellen und ca. 1 Stunde backen bzw. bis das Wasser verdampft ist. Kurz abkühlen lassen und dann auf eine Servierplatte stürzen.

TIPP

Das Gericht eignet sich wunderbar als ein Teil einer Auswahl an Meze, die gleichzeitig serviert werden können. Dazu passen auch Mathuba, Zhoug, Tahini, eingelegte Zitronen und natürlich Hummus.

VISIT
PALESTINE

SAMIRIAS SFICHA
TEIGNESTER MIT AUBERGINENFÜLLUNG

FÜR 30 STÜCK

FÜR DEN TEIG
1 kg Weizenmehl
2 Packungen (à ca. 7 g) Trockenhefe
ca. 400 ml lauwarmes Wasser
100 ml Olivenöl
2 TL Zucker
2 TL Salz

FÜR DIE AUBERGINENFÜLLUNG
2 Zebra-Auberginen
1 Zwiebel
neutrales Öl zum Anbraten

AUSSERDEM
etwas Öl zum Bestreichen

ZUM GARNIEREN
Limettenabrieb, eingelegte rote Spitzpaprika

» Für den Teig das Mehl in eine Schüssel geben, in die Mitte eine Mulde drücken und die Hefe hineingeben. Mit dem Wasser aufgießen und die Hefe damit verrühren. Dann Öl, Zucker und Salz ins Hefewasser geben. Mit den Händen oder den Knethaken des Handrührgeräts ca. 10 Minuten zu einem geschmeidigen Teig kneten. Bei Bedarf noch etwas Wasser zufügen. Den Teig zu einer Kugel formen und an einem warmen Ort mindestens 1 Stunde gehen lassen.

» Für die Auberginenfüllung die Haut der Auberginen mithilfe eines Messers oder Gemüsehobels entfernen und das Auberginenfleisch in kleine Würfel schneiden. Die Zwiebel schälen und in kleine Würfel schneiden.

» In einer Pfanne ca. 2 EL Öl erhitzen und die Zwiebel darin anbraten. Die Auberginenwürfel zugeben und ein paar Minuten weiterbraten, bis sich die Aromen verbinden. Dabei darauf achten, dass nichts anbrennt. Zur Seite stellen und ruhen lassen.

» Den Backofen auf 180 °C vorheizen. Zum Füllen den gegangenen Teig in 30 Portionen teilen und zu Kugeln rollen. Diese Kugeln mit den Fingern sanft eindrücken, sodass eine Kuhle in der Mitte entsteht. Die Auberginenmischung hineingeben und alles mit etwas Öl bestreichen. Auf einem mit Backpapier belegten Blech verteilen und im Ofen in ca. 20 Minuten goldbraun backen.

» Die Sfichas aus dem Ofen nehmen, auf eine Platte setzen und mit Limettenabrieb sowie eingelegten roten Spitzpaprikastücken garnieren.

TIPP

Wer möchte, kann etwas Teig beiseitelegen und – wie auf dem Foto zu sehen – die Kugeln vor dem Backen zum Beispiel mit kleinen Teigringen oder zu Kordeln verdrehten Teigkreisen dekorieren.

ICH BIN

SELETAT FOKEIA
ZUCCHINI MIT REIS

JALIL: *Fokeia ist ein Gericht voller Nostalgie und Tradition und stammt aus der palästinensischen Levante-Region. Seine Wurzeln liegen im gesamten Nahen Osten, von der Türkei bis nach Griechenland und Syrien, wobei jedes Land dem Gericht seine eigene Note verleiht. Hier ist unsere Version für euch: mit Joghurt und vielen Kräutern! Es schmeckt auch kalt hervorragend.*

FÜR 4 PORTIONEN

FÜR DIE REIS-NUDEL-MISCHUNG
300 g Basmati-, Jasmin- oder persischer Reis bester Qualität
30 ml neutrales Öl
60 g dünne Fadennudeln
¼ TL Salz
¼ TL frisch gemahlener schwarzer Pfeffer
ca. 600 ml kochendes Wasser

FÜR DEN SALAT
2 mittelgroße Zucchini
neutrales Öl zum Anbraten
300 g cremiger Ziegenjoghurt
1 EL Tahini

ZUM GARNIEREN
Granatapfelkerne (oder getrocknete Cranberrys), geröstete Pistazien und Pinienkerne, frischer Dill

» Den Reis in ein Sieb geben und mehrfach gründlich unter kaltem Wasser spülen, bis das Wasser klar bleibt. Das Öl in einem Topf mit Deckel erhitzen und die Fadennudeln (ungekocht!) darin leicht goldbraun anbraten. Dann den Reis zugeben und ebenfalls leicht anbraten. Mit Salz und Pfeffer würzen und mit dem kochenden Wasser ablöschen.

» Die Hitze reduzieren, den Topf abdecken und köcheln lassen, bis die Flüssigkeit vollständig aufgesogen ist. Bei Bedarf noch etwas Wasser angießen. Den Reis im Anschluss zugedeckt weitere 5 Minuten ziehen lassen, dann mit einer Gabel auflockern.

» Für den Salat die Zucchini waschen, der Länge nach in möglichst dünne Scheiben (ca. 2 mm) schneiden – gut funktioniert dafür auch ein Gemüsehobel – und in einer Pfanne in etwas Öl anbraten, bis sie auf beiden Seiten goldbraun sind. Die Pfanne vom Herd nehmen und beiseitestellen.

» Den Joghurt und das Tahini in einem kleinen Topf verrühren und leicht erwärmen. Vorsicht! Es darf nicht kochen!

» Die Reis-Nudel-Mischung in der Tellermitte platzieren. Die gebratenen Zucchinischeiben aufrollen und daraufsetzen. Alles mit der warmen Joghurt-Tahini-Mischung begießen. Mit Granatapfelkernen, Pistazien und Pinienkernen sowie Dill garnieren.

TIPP

Dieses Gericht eignet sich hervorragend als Hauptgericht. Wer mag, kann noch Schälchen mit Joghurt, Matbucha (Seite 85) oder Zhoug (Seite 115) dazu reichen!

BOKER BA KIBUTS
AVOCADOSALAT MIT FETA-»ZIGARRE«

OZ: *»Kibbuz« kommt aus dem Hebräischen und bedeutet so viel wie »Versammlung«. Hier sind die Menschen gleich. Keiner ist reicher als der andere, keiner hat mehr zu sagen. Als Kind verbrachte ich viele Jahre an so einem besonderen Ort. Das gemeinsame Essen im Kibbuz war immer der Höhepunkt meines Tages! Es gab Speisen aus saisonalem Gemüse, das auf unserem Bauernhof angebaut wurde, und selbst hergestellten Käse. Das Menü war immer einfach, aber köstlich. Ich wusste vorher nie, was mich erwartete, weil immer jemand anderes kochte. Am meisten freute ich mich, wenn meine Mutter die diensthabende Köchin war und es ihre »Zigarren« gab – aus fein gerolltem Filo-Teig, gefüllt mit geschmolzenem Feta und mit Zitrone beträufelt.*

FÜR 16 STÜCK UND 4 PORTIONEN

1 Packung Filo-Teig (ca. 300 g)
4 EL sehr weiche Butter
160 g Feta
Olivenöl zum Beträufeln
2 EL Za'atar (nordafrikanische Gewürzmischung)
2 Avocados
2–3 rote Spitzpaprikaschoten
300 g Petersilie
80 g Kürbiskerne

ZUM SERVIEREN
Tahini

» Den Backofen auf 180 °C vorheizen. Den Filo-Teig vorsichtig auffalten und die Butter in einem kleinen Topf zerlassen. Den Feta in Scheiben schneiden.

» Vorsichtig ein Blatt Filo nehmen, halbieren, mit Butter bestreichen und gleichmäßig mit dem Feta belegen und daraus längliche Päckchen formen. Die Ränder der Rollen sorgfältig verschließen, sodass kein Käse auslaufen kann.

» Die Rollen auf ein mit Backpapier ausgelegtes Blech geben und mit etwas Olivenöl beträufeln. Mit Za'atar bestreuen und ca. 15 Minuten im Ofen goldgelb backen.

» Währenddessen die Avocados der Länge nach in der Mitte durchschneiden, den Kern entfernen und mit einem Löffel das Fruchtfleisch vorsichtig im Ganzen herauslösen und anschließend in Scheiben schneiden.

» Die Paprikas waschen, von Samen und Scheidewänden befreien und ebenfalls in dünne Scheiben schneiden.

» Die Petersilie waschen, abtrocknen, grob zupfen und auf einem Teller verteilen. Darauf die Paprika- und Avocadoscheiben geben. Die fertig gebackenen Zigarren ebenfalls darüber verteilen. Mit Kürbiskernen bestreuen und mit Tahini servieren.

ICH BIN

ICH BIN
UMMUSSEXUELL

ICH BIN

KUFTE HUMMUS
VEGANE FLEISCHBÄLLCHEN MIT ARTISCHOCKEN

FÜR 4 PERSONEN

FÜR DIE VEGANEN FLEISCHBÄLLCHEN
1 Zwiebel
2 Knoblauchzehen
2–3 EL gehackte glatte Petersilie
3–4 EL gehackte Sellerieblätter
1 TL Baharat (arabische Gewürzmischung)
1 TL Frikadellengewürz
Salz
frisch gemahlener schwarzer Pfeffer
1 Packung (200 g) Kichererbsentofu (»Kofu«) mit Räucheraroma
3 EL Kichererbsenmehl
1 EL Tahini
1 Packung (460 g) Artischockenböden (TK oder aus der Dose)
460 g Artischockenherzen (aus der Dose)
½ Knoblauchknolle
6 Thymianzweige
Olivenöl für die Form

FÜR DIE TAHINI-SAUCE
½ TL Knoblauchpulver
50 g Tahini
1 TL Zitronensaft
½ TL Salz
150 ml Wasser

AUSSERDEM
Auflaufform

» Den Backofen auf 180 °C vorheizen. Für die veganen Fleischbällchen die Zwiebel schälen und grob zerteilen. Zusammen mit Knoblauch, Petersilie, Sellerieblättern, Gewürzen, Kichererbsentofu, Kichererbsenmehl und Tahini in eine Küchenmaschine geben und zu einer homogenen Masse verarbeiten. Daraus mit eventuell etwas angefeuchteten Händen kleine Frikadellen formen. Sie sollten so groß sein, dass man sie gut in die Artischockenböden legen kann. Anschließend in die Artischockenböden legen und leicht andrücken.

» Eine Auflaufform mit Backpapier auslegen, mit etwas Olivenöl beträufeln und die gefüllten Böden darin verteilen. Die Artischockenherzen halbieren und dicht darum verteilen. Die halbe Knoblauchknolle und die Thymianzweige zugeben.

» Zunächst ca. 30 Minuten goldgelb backen. In der Zwischenzeit für die Tahini-Sauce alle Zutaten in einen Mixer geben und zu einer glatten Sauce pürieren. Über den vorgebackenen Artischocken verteilen und weitere 10 Minuten backen. Warm servieren – am besten in der Auflaufform.

TIPP

Konfierte Oliven (siehe Seite 122), gegrilltes Gemüse und Chilischoten passen hervorragend dazu. Einfach zum Servieren mit in die Form geben.

FATTEH
GERÖSTETES FLADENBROT MIT JOGHURT-TAHINI-SAUCE UND GEMÜSE

JALIL: *Jom Kippur ist einer der wichtigsten Feiertage für die Juden – das »Versöhnungsfest«. In meiner Familie war es der einzige Tag im Jahr, an dem mein Vater nicht arbeiten musste. Er tauschte den Platz in seinem Restaurant mit der Domäne meiner Mutter – unserer Küche – und bereitete ein Festmahl für uns alle zu. Mein Vater war der »Fatteh-König« – niemand konnte es so gut zubereiten wie er! Dieser Tag hat immer einen besonderen Platz in meinem Herzen.*

FÜR 4 PERSONEN

2 dünne Pita-Brote
2 scharfe rote und grüne Chilischoten
1 kleine Aubergine
1 TL Salz
neutrales Öl
100 g gekochte Kichererbsen (frisch gekocht oder aus der Dose)
100 g Joghurt
100 g Tahini
Saft von 1 Zitrone

» Die Pita in Würfel schneiden und in einer Pfanne ohne Fett leicht rösten.

» Die Chilis waschen, halbieren, von Samen und Scheidewänden befreien und fein hacken. Die Aubergine waschen, der Länge nach halbieren, in längliche Stücke oder Scheiben schneiden. Mit dem Salz bestreuen und für ca. 20 Minuten stehen lassen.

» Die Auberginen in einer Pfanne mit reichlich Öl anbraten. Die Kichererbsen mit ein wenig Öl in einem kleinen Topf erhitzen.

» Zum Servieren den Boden eines tiefen Tellers mit einer Schicht der gerösteten Brotstücke bedecken. Darauf Kichererbsen und Auberginenstücke geben. Nacheinander mit Joghurt, Tahini und Zitronensaft beträufeln und mit gehackten Chilis und Petersilie garnieren.

TIPP

In diesem Rezept kann man wunderbar Gemüsereste verwerten.

MAQLUBA
TRADITIONELLES PALÄSTINENSISCHES REISGERICHT

JALIL: *»Maqluba« bedeutet »auf den Kopf gestellt«. Ich habe viele schöne Erinnerungen an dieses Gericht, das gerne bei Familientreffen serviert wird. Besonders erinnere ich mich an einen Sommer, in dem wir die Hochzeit eines Verwandten besuchten. Die Mutter der Braut hatte Stunden damit verbracht, die Maqluba zuzubereiten. Als das Tablett schließlich umgedreht wurde, brachen die Gäste beim Anblick in Beifall aus, es war ein Meisterwerk! Die Zubereitung von Maqluba ist eine Kunstform, die Zeit und Geduld bedarf. Maqluba ist mehr als nur ein Gericht, es ist ein Symbol für unsere Kultur und erinnert an die Werte, die uns am Herzen liegen: Gastfreundschaft, Großzügigkeit und die Liebe zu gutem Essen.*

FÜR 6–8 PERSONEN

FÜR DEN REIS
500 g Kartoffeln
500 g Süßkartoffeln
4 Karotten
1 Aubergine
1 Blumenkohl
2 Knoblauchzehen
500 ml Rapsöl zum Frittieren
240 ml Olivenöl
500 g persischer Reis
750 ml kochendes Wasser
1 TL gemahlener Piment
½ TL gemahlene Muskatnuss
¼ TL gemahlene Nelken
1 TL Salz
1 TL frisch gemahlener schwarzer Pfeffer
1 g Safran

FÜR DAS TOPPING
240 ml Wasser
240 g Zucker
je 30 g Mandelblättchen, Walnüsse, Haselnüsse, Pinienkerne
Granatapfelkerne (optional)

AUSSERDEM
Springform

» Kartoffeln und Süßkartoffeln schälen und in 2 cm dicke Scheiben schneiden. In Wasser einweichen, damit sie sich nicht verfärben. Karotten und die Aubergine waschen und in große Würfel schneiden. Den Blumenkohl waschen und in große Röschen zerteilen. Den Knoblauch schälen und in Scheiben schneiden.

» Karotten, Auberginen, Blumenkohl und Knoblauch getrennt in Öl goldgelb frittieren. Danach kurz abkühlen lassen.

» Den Backofen auf 170 °C vorheizen. Das Olivenöl in einen breiten Topf mit dickem Boden geben. Die Kartoffelscheiben auf dem Boden und an den Seiten des Topfes verteilen. Den persischen Reis mit dem frittierten Gemüse in einer Schüssel vermengen und auf die Kartoffeln im Topf geben.

» Das kochende Wasser mit den Gewürzen mischen und über die Reis-Gemüse-Mischung und die Kartoffeln im Topf gießen. Die Safranfäden in 3–4 EL warmem Wasser auflösen und ebenfalls über den Topfinhalt gießen. Auf den Herd stellen und einmal aufkochen lassen. Im Anschluss mit geschlossenem Deckel in den Ofen schieben und ca. 1 Stunde und 15 Minuten backen.

» Herausnehmen und 15 Minuten stehen lassen. Einen großen Teller umgedreht darauflegen, die Griffe mit einem Küchentuch festhalten und den Topfinhalt auf den Teller stürzen.

» Solange der Reis abkühlt, das Topping herstellen: Dazu das Wasser bei schwacher Hitze in einem kleinen Topf erwärmen, den Zucker zugeben. Sobald es leicht schäumt, den Schaum mit einem Löffel von der Oberfläche entfernen. Eine Springform mit Backpapier auslegen, Mandelblättchen, Nüsse und Kerne darin verteilen und den Karamell, sobald er dunkelbraun geworden ist, darübergießen. Abkühlen lassen und stürzen. Vor dem Servieren auf dem Reis anrichten, optional Granatapfelkerne aufstreuen.

TIPP

Das crunchy Topping nicht zu dick machen, damit es sich beim Essen leicht brechen lässt.

KROVIT BA TNOR
BLUMENKOHL MIT TAHINI

JALIL: *Blumenkohl ist in den letzten Jahren in Europa immer beliebter geworden, aber in der israelischen Küche ist er schon viel länger ein Grundnahrungsmittel. Eine köstliche Art, dieses vielseitige Gemüse zuzubereiten, ist das Garen und Rösten im Ofen. Dieses Gericht kombiniert den milden und nussigen Geschmack des gerösteten Blumenkohls mit dem cremigen und reichhaltigen Geschmack von Tahini-Sauce.*

FÜR 4 PERSONEN

1 großer (bunter) Blumenkohl
3 EL Olivenöl
2–3 große Prisen Salz
Tahini-Saucen (siehe z. B. auf Seite 51, 53, 107, 155)
1 Chilischote (optional)

» Einen Topf mit Wasser zum Kochen bringen. Den Blumenkohl waschen, putzen und mit dem Strunk nach oben im Ganzen in den Topf geben. Ca. 7 Minuten kochen, bis er gerade noch bissfest ist.

» Den Backofen auf 220 °C Umluft vorheizen. Den Blumenkohl aus dem Topf nehmen, auf Küchenpapier abtrocknen und auf ein mit Backpapier ausgelegtes Backblech geben. Mit Öl beträufeln und nach Geschmack salzen.

» In den Ofen geben und in ca. 20 Minuten goldbraun backen. Heiß auf einer Servierplatte anrichten und die Tahini-Saucen dazu servieren, optional zusätzlich Chili in Ringe schneiden und den Blumenkohl damit bestreuen.

TIPP

Reste dieses leckeren Blumenkohlgerichts eignen sich perfekt als Topping für einen Salat oder auch als Belag für ein Fladenbrot: Einfach frische Granatapfelkerne dazu, und schon hat man einen wunderbaren Snack für den nächsten Tag!

KANAFEH
ENGELSHAAR

FÜR CA. 6 SPIESSE

FÜR DIE SPIESSE
100 g Ghee
200 g Kadaifi-Teigfäden
250 g Ricotta
50 g Mascarpone

FÜR DEN SIRUP
½ TL Orangenblütenwasser
220 g Zucker
220 ml Wasser

ZUM GARNIEREN
gehackte Pistazien

AUSSERDEM
Holz- oder Metallspieße

» Das Ghee schmelzen. In einer Schüssel die Kadaifi-Teigfäden mit dem geschmolzenen Ghee vermischen und anschließend auf einem mit Backpapier ausgelegten Blech ausbreiten.

» Den Backofen auf 200 °C (Unterhitze) vorheizen. In einer separaten Schüssel Ricotta und Mascarpone zu einer glatten Creme verrühren.

» Einen Spieß in die Hand nehmen und ein Sechstel der Creme auf dem Spieß verteilen, gut mit den Händen andrücken. Etwas von dem Kadaifi-Teig darum verteilen, andrücken, darum noch eine Schicht Teig verteilen, sodass die Creme gut davon bedeckt und ummantelt ist.

» Mit den weiteren Spießen ebenso verfahren. Zwischendurch die Hände immer wieder mit etwas Wasser befeuchten.

» Auf dem Blech in den Ofen schieben und in ca. 20 Minuten goldbraun backen. Nach 10 Minuten einmal wenden.

» Für den Zuckersirup das Orangenblütenwasser mit Zucker und Wasser unter Rühren in einem kleinen Topf aufkochen, bis sich der Zucker gelöst hat.

» Die Kadaifi-Spieße aus dem Ofen nehmen und noch warm mit dem Zuckersirup begießen. Mit Pistazien bestreut servieren.

TACO MASABACHA

FÜR 2–4 PERSONEN BZW.
4 TACOS

1 Packung Blätterteig (à 275 g)
20 ml Olivenöl
1 Avocado
20 g eingelegte Zitronen (siehe Seite 119)
je 1 rote und gelbe Paprikaschote
50 g frischer Koriander
4 (scharfe) türkische Paprikaschoten
Masabacha (siehe Seite 29)
Tatbila-Dip (siehe Seite 29)

AUSSERDEM
1 Ausstechform (ø 15 cm)

» Den Backofen auf 180 °C vorheizen. Den Blätterteig aus der Packung nehmen, auf der Arbeitsfläche entrollen und mit dem Ausstecher 4 Kreise ausstechen.

» Die Blätterteigkreise auf ein gefettetes (oder mit Backpapier belegtes) Blech legen und mit Olivenöl bestreichen.

» Die Teigkreise in ca. 15 Minuten goldbraun backen. Dann herausnehmen und noch warm in eine kleine Schale legen, sodass sie sich in Taco-Form nach oben biegen. Etwas abkühlen lassen.

» Die Avocado halbieren, den Kern entfernen und das Fleisch in Scheiben schneiden. Die eingelegten Zitronen hacken. Die Paprika waschen, halbieren, von Samen und Scheidewänden befreien und hacken. Den Koriander waschen, abtrocknen und ebenfalls hacken. Die türkischen Paprikaschoten auf dem Grill oder in einer Grillpfanne anbraten, bis sie dunkle Stellen bekommen und Röstaromen annehmen.

» Die Tacoschalen mit Masabacha, Tatbila, Avocado, Paprika, Zitrone und Koriander füllen.

TIPP
Blätterteigreste zurechtschneiden, nach Belieben mit Ei bestreichen und zum Beispiel mit Za'atar bestreuen, im Ofen mitbacken und zu den Tacos servieren.

HABBET ROMANE PATE
LINSENPASTETE MIT AUBERGINEN

OZ UND JALIL: *Dieses Auberginengericht ist ein köstliches veganes Gericht, das ursprünglich aus Palästina stammt. Die Hauptzutat ist Aubergine, durch die Zugabe von Granatapfel bekommt es einen Hauch von Süße und Säure zugleich. Was uns immer wieder aufs Neue begeistert: aus alltäglichen Zutaten neue Kompositionen zu kreieren. Man sieht und schmeckt etwas, von dem man glaubte, es schon gut zu kennen, in einem ganz neuen Licht.*

FÜR 4 PERSONEN

200 g grüne Linsen
2 Auberginen
neutrales Öl zum Braten
5 Knoblauchzehen
1 EL gemahlener Kreuzkümmel
1 TL Salz
½ TL schwarzer Pfeffer
1 Zwiebel
1 Feige
Kerne von ½ Granatapfel
4 EL Granatapfelsirup

» Die Linsen in einem Sieb unter fließendem Wasser abspülen. In einen Topf geben, mit reichlich Wasser auffüllen und zunächst bei hoher Temperatur zum Kochen bringen, dann die Temperatur reduzieren und ca. 20 Minuten gar köcheln lassen.

» In ein Sieb abgießen und beiseitestellen.

» Die Auberginen waschen, die Schale entfernen und das Fruchtfleisch würfeln. Das Öl in einer Pfanne erhitzen, die Auberginen hineingeben und ein paar Minuten anbraten, bis sie weich werden. Den Knoblauch schälen. Anschließend die Auberginen leicht abkühlen lassen, dann mit gekochten Linsen, Gewürzen und Knoblauch in einen Mixer geben und zu einem möglichst glatten Püree verarbeiten.

» Währenddessen die Zwiebel schälen, in dünne Streifen schneiden und in etwas Öl goldbraun anbraten.

» Die Feige waschen, den Strunk entfernen und in Scheiben schneiden. Das Linsen-Auberginen-Püree am besten in einem Servierring, einem Ausstecher oder einer Tasse anrichten. Mit Feigenscheiben, gebräunten Zwiebeln und Granatapfelkernen bestreuen. Den Granatapfelsirup angießen.

LABANEH-CHEESECAKE

FÜR 4 PERSONEN

FÜR DIE CREME
200 g Joghurt (mindestens 4 % Fett)
½ TL Vanilleextrakt
Abrieb von ½ Bio-Zitrone
60 g Puderzucker
375 ml sehr kalte Sahne

FÜR DIE STREUSEL
70 g Mehl
70 g brauner Zucker
50 g Tahini
1 Prise Salz

ZUM GARNIEREN
frische Beeren (nach Belieben)

» Zuerst die Creme zubereiten. Dazu Joghurt, Vanilleextrakt, Zitronenabrieb und Puderzucker in der Küchenmaschine oder mit dem Handmixer zu einer homogenen Masse verrühren. Anschließend auf niedriger Stufe nach und nach die Sahne hineingießen und rühren, bis alles gut miteinander verbunden ist. In Gläser oder Dessertschalen füllen und mindestens 5 Stunden kühl stellen.

» Für die Streusel den Backofen auf 170 °C vorheizen. Ein Blech mit Backpapier auslegen. Das Mehl mit dem Zucker in eine Schüssel geben. Dann Tahini und Salz zugeben und mit den Händen zu Streuseln verkneten. Diese gleichmäßig auf dem Blech verteilen und in 10–12 Minuten goldbraun backen. Herausnehmen und abkühlen lassen.

» Zum Servieren die Creme mit den Streuseln garnieren und nach Belieben mit frischen Beeren bestreuen. Wer möchte, kann Creme und Streusel auch abwechselnd in Gläser schichten.

TIPP

Man kann die Streusel auch mit etwas Amaretto beträufeln und zusätzlich karamellisierte Aprikosen dazu servieren. Das Schöne an diesem Dessert ist: Du kannst nach Lust und Laune mit Aromen variieren und dieses Rezept als Basis nutzen.

Porta 6

LAYALI BAYRUT
BEIRUT NIGHT

FÜR 8–10 PERSONEN

FÜR DIE GRIESSMASSE
1 l Milch
140 g Weichweizengrieß
3–4 Tropfen Rosenwasser
1 TL Vanilleextrakt

FÜR DIE PUDDINGCREME
240 ml Milch
250 ml Sahne
1 Dose (380 g) gesüßte Kondensmilch
80 g Vanillepudding-Pulver

FÜR DEN SIRUP
240 ml Wasser
400 g Zucker
3–4 Tropfen Rosenwasser

ZUM GARNIEREN
gehackte geröstete Pistazien

AUSSERDEM
Auflaufform
Butter für die Form

» Für die Grießmasse die Milch in einem Topf aufkochen. Sobald es köchelt, den Grieß einrieseln lassen und mit einem Schneebesen unterrühren. Ein paar Minuten unter Rühren weiterköcheln lassen, bis die Masse andickt. Rosenwasser und Vanilleextrakt unterrühren und etwas auskühlen lassen. Eine Auflaufform mit Butter fetten, die Hälfte der Masse hineingießen und 10 Minuten in den Tiefkühler stellen.

» In der Zwischenzeit für die Puddingcreme Milch, Sahne, Kondensmilch und Puddingpulver zu einer festen Masse aufschlagen, die in etwa die Konsistenz von Schlagsahne haben sollte.

» Sobald die Grießmasse abgekühlt ist, aus dem Tiefkühler nehmen, eine Schicht Puddingcreme darauf verteilen und erneut 10 Minuten tiefkühlen. Herausnehmen, nochmals Grießmasse darauf verteilen und wieder 10 Minuten tiefkühlen. Zuletzt eine Schicht Puddingcreme darauf verteilen und anschließend 3 Stunden in den Kühlschrank stellen.

» Für den Zuckersirup Wasser in einem Topf erhitzen, den Zucker zugeben und unter Umrühren leicht aufkochen lassen. Dann ca. 10 Minuten bei schwacher Hitze köcheln lassen, der Sirup sollte sehr dickflüssig sein. Abkühlen lassen und das Rosenwasser unterrühren.

» Das geschichtete Cremedessert erst kurz vor dem Servieren mit dem Sirup begießen und mit gerösteten Pistazien bestreuen.

TIPP
Wer möchte, kann anstatt Rosenwasser auch Orangenblütenwasser verwenden. So wird es etwas zarter und milder in Aroma und Duft.

GLIDA BAKLAVE
PISTAZIENEISCREME MIT BAKLAVA

FÜR 4 PERSONEN

500 ml Sahne (32 % Fett oder mehr)
320 ml gesüßte Kondensmilch
1 Prise Salz
5 EL hochwertige Pistazienpaste
1 Packung Blätterteig (à 275 g)
100 ml Ahornsirup

ZUM GARNIEREN
gehackte Pistazien

» Die Sahne in einer großen Schüssel mit den Rührbesen des Handrührgeräts aufschlagen. Wenn die Sahne beginnt steif zu werden, langsam die Kondensmilch zugießen und das Salz zugeben. Dabei weiter mit hoher Geschwindigkeit aufschlagen.

» Im Anschluss die Pistazienpaste zugeben und weiterschlagen. Dabei darauf achten, auch den Boden der Schüssel abzuschaben, sodass sich alles gut vermischt.

» In einen Behälter mit Deckel umfüllen und mehrere Stunden, am besten über Nacht, in den Tiefkühler stellen. Nach einigen Stunden ist das Eis gefroren und kann serviert werden.

» Für die Baklava den Blätterteig auf einem Backblech entrollen und nach Packungsangaben im Ofen backen. Wenn der Teig fertig gebacken ist, herausnehmen und mit Ahornsirup bestreichen.

» Anschließend den Blätterteig in Quadrate schneiden, diese auf einem Servierteller oder in einer Schale platzieren, je 1 Kugel Pistazieneis daraufgeben und mit gehackten Pistazien bestreut servieren.

GRAPEFRUITSORBET-COCKTAIL

FÜR 4 GLÄSER

40 ml Wasser
200 g Zucker
1 frischer Zweig Rosmarin
200 ml Grapefruitsaft (am besten frisch gepresst)
½ TL Salz (ca. 3 g)

ZUM SERVIEREN
80 ml Gin
Minzeblätter (optional)

» Für den Zuckersirup das Wasser in einem Topf erhitzen, den Zucker zugeben und unter Umrühren kurz aufkochen lassen. Anschließend 10 Minuten bei schwacher Hitze köcheln lassen, dann erst den Rosmarinzweig zugeben und dann abkühlen lassen.

» Für das Sorbet den Grapefruitsaft mit Zuckersirup und Salz gut verrühren. Dann für mindestens 2 Stunden in den Tiefkühler geben – nach 1 Stunde alles gründlich verrühren, damit sich keine Eiskristalle bilden.

» Zum Servieren eine Kugel abstechen, in ein vorgekühltes Martiniglas geben und mit je 20 ml Gin aufgießen. Optional mit Minze garnieren.

TIPP
Wer mag, kann noch etwas Zartbitterschokolade darüberraspeln. Du kannst das Sorbet natürlich nicht nur als Cocktail, sondern auch als Dessert servieren.

ARABISCHER KAFFEE-COCKTAIL

FÜR 1 GLAS

120 ml kalter Espresso
30 ml Wodka
30 ml Kaffeelikör (z. B. Kahlúa)
30 ml Schokoladenlikör
½ TL gemahlener Kardamom
Eiswürfel

ZUM GARNIEREN
Zitronenscheiben, Kaffeebohnen und Minzblätter

» Alle Zutaten in einem kalten Cocktail-Shaker mischen. Gut schütteln und in einem hohen vorgekühlten Glas mit Zitronenscheiben, Kaffeebohnen und Minzblättern servieren.

TIPP
Für eine cremige Note ca. 15 ml Kokosmilch pro Glas zugeben.

ROTE-BETE-ROSE-DRINK

FÜR 3–4 GLÄSER

1 Rote Bete
50 ml Wodka
15 ml Rote-Bete-Saft
25 ml Martini Rosso
10 ml Zitronensaft
10 ml Ingwersaft
ca. 150 ml Sodawasser

ZUM GARNIEREN
gefriergetrocknetes Rote-Bete-Pulver und getrocknete Rosenblüten

» Den Rand der Martinigläser in eine Untertasse mit Wasser tauchen und anschließend in ein Schälchen mit Rote-Bete-Pulver. Die Rote Bete waschen, in dünne Scheiben schneiden und jeweils auf dem Boden der vorgekühlten Martinigläser blumenförmig anordnen.

» In einem kalten Shaker Wodka, Rote-Bete-Saft, Martini Rosso, Zitronensaft, Ingwersaft und Eiswürfel mixen und in die Martinigläser abseihen. Mit Sodawasser auffüllen, vorsichtig umrühren und mit Rosenblättern bestreut kalt servieren.

ISRAELISCHER MOJITO

Ein beliebter Drink aus Israel, gerade an heißen Sommertagen! Sehr erfrischend und belebend im Geschmack, dank der Mischung von Zitrone und Minze – perfekt, um der Hitze des Mittelmeers zu entkommen! Auch wenn er leicht und süß schmeckt, muss man wissen, dass dieser Cocktail auch ziemlich berauschend sein kann …

FÜR 2 GLÄSER

½ Bio-Zitrone
1 TL Zucker
2 EL Minzblätter
Eiswürfel
40–50 ml Arak (ungesüßter Anisschnaps)
25 ml frisch gepresster Zitronensaft
ca. 40 ml Sodawasser zum Auffüllen

ZUM GARNIEREN
Bio-Zitronenscheiben, Minzblätter und Sternanis

» Die Zitrone heiß abspülen und in Scheiben schneiden. Zuerst die Zitronenscheiben in die Gläser geben, dann Zucker und die frische Minze und mit einem Stößel zerdrücken. Die Eiswürfel zufügen und Arak sowie Zitronensaft eingießen. Mit Sodawasser auffüllen.

» Ganz nach Geschmack dekorieren: mit Zitronenscheiben und Minzblätter sowie mit je 1 Sternanis garniert servieren.

UNSER DANK

KANAAN
usbeutung, Gleichheit ohne
reiheit ist Unterdrückung.
lidarität ist die gemeinsame
zel von Freiheit und Gleichheit"
reedom without equality is
ploitation; equality without
freedom is oppression.
darity is the common root of
ICH BIN

Wir sagen allen ganz herzlich Danke, die an der Entstehung dieses Buches mitgewirkt haben. Eure Mithilfe war großartig und wäre mit Geld nicht aufzuwiegen. Auch wenn es manchmal etwas stressig wurde bei der Buchproduktion, wir hatten immer Freude und Inspiration an dieser Arbeit. Für uns selbst war diese Arbeit auch eine Reise in unsere Kindheit und Jugend, eine Wiederbegegnung mit Geschichten aus unseren Familien und unseren Kulturen, die uns bereichert haben und die wir mit euch allen teilen wollen.

Unser größter Dank gebührt unserer fantastischen Fotografin Eli. Ohne ihre Fähigkeiten, ihr gutes Auge, aber vor allem ohne ihre Begeisterung wäre dieses Buch niemals entstanden. Deine Vision und deine Hartnäckigkeit beim Umsetzen deiner Vision haben uns von Anfang an motiviert.

Wir danken auch dem Verlag und seinen Mitarbeiter*innen, dass sie an unsere gemeinsame Vision geglaubt haben und uns in dem ganzen Prozess unterstützt haben. Ein besonderer Dank geht an Julia, die unsere Rezepte textlich so gut in Form gebracht hat, damit sie alle Leser*innen nachkochen können. Dank Jeanne ist das Buch so gestaltet, dass wir und unsere Gerichte so präsentiert werden, wie wir uns selbst und unsere Küche sehen wollen.

Wir danken unseren Familien. Was wären wir ohne sie? Nichts. Eure Unterstützung vor allem in den letzten Jahren, als wir mit dem Restaurant gestartet sind, war und ist auch die Basis für die Entstehung dieses Buches. Wir sind ganz demütig wegen eurem ungebrochenen Glauben an uns und eurer Ermunterung, uns immer weiterzuentwickeln.

Vielen Dank an Ola Levin für die Hilfe und Unterstützung im Restaurant Kanaan.

Wir bedanken uns auch bei unseren lieben Freundinnen und Freunden, die mit uns durch dick und dünn gegangen sind. Eure Unterstützung war und ist immer inspirierend für uns.

Ein besonderer Dank geht an Jalils Frau Adore Elees Dabit, die uns im Schreibprozess sehr unterstützt hat. Mit einem Koch zusammenzuleben ist nicht immer einfach und du hast dir die Zeit genommen, uns auch bei diesem Projekt zu unterstützen. Du bist ein Grundpfeiler auf dieser Reise.

Und nicht zuletzt gilt unser tiefster Dank unseren Eltern: Panina Tamin Zakharona und Akiva Ben David (Eltern von Oz) und Samir Dabit und Soad Dabit Rabia (Jalils Eltern).

PREO
ICH BIN

ZUTATENREGISTER

IMPRESSUM

HINWEIS
Die Ratschläge/Informationen in diesem Buch sind von Autoren und Autorin und Verlag sorgfältig erwogen und geprüft, dennoch kann eine Garantie nicht übernommen werden. Eine Haftung der Autoren und der Autorin beziehungsweise des Verlags und seiner Beauftragten für Personen-, Sach- und Vermögensschäden ist ausgeschlossen.

Projektleitung: Dr. Harald Kämmerer
Textredaktion: Julia Bauer, Berlin (www.julia-bauer.berlin)
Schlussredaktion: Susanne Schneider, München
Fotografie: Elissavet Patrikiou, Hamburg
Umschlaggestaltung, Layout, Satz: Jeanne van Stuyvenberg, Wiesbaden (www.die-basis.de)
Herstellung: Monika Weiher
Reproduktion, Druck & Bindung: Mohn Media Mohndruck GmbH, Gütersloh

Printed in Germany
Penguin Random House Verlagsgruppe FSC® N001967

MIX
Papier | Fördert gute Waldnutzung
FSC® C011124

ISBN 978-3-517-10223-8